FUNDAMENTOS DA ANÁLISE SOCIAL
A realidade social e seu conhecimento

Jaime Osorio

FUNDAMENTOS DA ANÁLISE SOCIAL
A realidade social e seu conhecimento

Tradução
Fabio de Oliveira Maldonado
Eduardo Perondi
Gabriel Oliveira de Carvalho Senra

1ª EDIÇÃO

EXPRESSÃO POPULAR

SÃO PAULO - 2025

Copyright © desta edição: 2025, Editora Expressão Popular
Copyright © 2025, Jaime Osorio
Traduzido de: Fundamentos del análisis social: La realidad social y su conocimiento.
México: Fondo de Cultura Económico, 2016

Produção editorial: Miguel Yoshida
Tradução: Fabio de Oliveira Maldonado
Preparação de texto: Mariana Correia Santos e Gabriel Oliveira de Carvalho Senra
Revisão: Marcos Visnadi
Projeto gráfico, diagramação e capa: Zap Desing
Arte da capa: Sem nome / autor: John Kaine
Impressão e acabamento: Paym

---

dados internacionais de catalogação na publicação (cip)

Osório, Jaime
O83f   Fundamentos da análise social: a realidade social e seu conhecimento / Jaime Osório ; tradução Fabio de Oliveira Maldonado. --1. ed. – São Paulo : Expressão Popular, 2025.
232 p.

ISBN 978-65-5891-158-6
Tradução de: Fundamentos del análisis social: la realidad social y su conocimiento.

1. Ciências sociais – Métodos de pesquisa. 2. Sociologia. I. Maldonado, Fabio de Oliveira. II. Título.

CDU 3
CDD 301

Bibliotecária: Eliane Maria da Silva Jovanovich - CRB 9/1250

Todos os direitos reservados.
Nenhuma parte deste livro pode ser utilizada ou reproduzida sem a autorização da editora.

1ª edição: fevereiro de 2025

EDITORA EXPRESSÃO POPULAR
Alameda Nothmann, 806
Campos Elíseos, São Paulo, SP
atendimento@expressaopopular.com.br
www.expressaopopular.com.br
🛈 ed.expressaopopular
📷 editoraexpressaopopular

SUMÁRIO

NOTA EDITORIAL 9
APRESENTAÇÃO À EDIÇÃO BRASILEIRA 11
Fabio de Oliveira Maldonado
APRESENTAÇÃO DA PRIMEIRA EDIÇÃO EM ESPANHOL 23
INTRODUÇÃO: OS CUSTOS DA RUPTURA ENTRE AS
CIÊNCIAS SOCIAIS E A FILOSOFIA 25
I. A TOTALIDADE COMO ATIVIDADE UNIFICADORA 31
   A totalidade como atividade que unifica o sentido da vida em sociedade ... 31
   O mal-estar com a totalidade 32
   Pós-modernos e positivistas 32
   Os limites do conhecer no mundo do capital 35
   A a-historicidade da teoria dos sistemas 37
   O todo e as partes 38
   A totalidade como atividade unificadora 40
   A lógica do capital 42
   O que e como conhecer nas ciências sociais 43
   A totalidade e os reducionismos 49
   A totalidade concreta 52
   Conclusões 53

II. DIALÉTICA E NEGATIVIDADE 57
   Introdução 57
   Negatividade 57
   Relações sociais e coisas 60
   Pensamento reducionista 63
   O indivíduo como ponto de partida 65
   O sujeito como problema 66
   Concepções do conhecimento 68
   Conclusão 70

III. NÍVEIS DE ANÁLISE, TEMPO E ESPAÇO: TRÊS DIMENSÕES
PARA RECONSTRUIR A REALIDADE SOCIAL 73
   Níveis de análise 75
   Reconstrução dos objetos de análise: as classes sociais 77
   A dimensão temporal: concepções do tempo e periodização 81
   A dimensão espacial 86
   Conclusão: paradigmas "abertos" e paradigmas "fechados" 90

IV. SOBRE EPISTEMOLOGIA E MÉTODO EM MARX 93
   O relacional 94
   Rede de relações sociais *versus* individualismo metodológico 96
   Da totalidade 98
   Processo histórico e periodização 100
   Lei e singularidade 101
   Superfície e natureza interna 104
   Sobre o método: do processo de abstração 106
   Mais sobre o método e a investigação 109
   O lógico e o histórico 116
   Níveis de abstração 117
   Conclusão 119

V. CLASSES SOCIAIS E LUTA DE CLASSES 123
   Quantas classes sociais? 124
   O que são as classes sociais? 126
   Frações de classe 130
   Setores de classe 132
   Heterogeneidade do capital 133
   Pequena burguesia não proprietária 133
   Proletariado ativo, semiativo e inativo 136
   Classe em si e classe para si 138
   O proletariado como negatividade do capital 138
   Luta de classes 139
   A atualidade da revolução 144
   Tempo social e revolução 145

VI. ESTRUTURAS E SUJEITOS: DESEQUILÍBRIOS E ARRITMIAS NA HISTÓRIA 147
   As arritmias nos movimentos da sociedade 147
   A conjuntura: condensação de níveis de análise e tempo social 148
   Estruturas e sujeitos: uma relação desequilibrada 154
   Conclusão: o sujeito na história 158

VII. A RUPTURA ENTRE ECONOMIA E POLÍTICA NO MUNDO DO CAPITAL 161

VIII. A CONSTRUÇÃO DE PARADIGMAS: SOBRE O
SUBDESENVOLVIMENTO E A DEPENDÊNCIA 177
Questões teóricas e metodológicas 179
Contribuições fundamentais 187
As limitações teóricas e metodológicas 201
Críticas ao paradigma da dependência 205
Conclusão 207

IX. O ESTUDO DA AMÉRICA LATINA FRENTE AO POSITIVISMO
E AO PÓS-MODERNISMO 209
A difícil construção de um problema teórico 210
A desconstrução da América Latina 215
O mal-estar com a totalidade 217
Entre o geral e o particular 218
Dos tempos: teorias na perspectiva da derrota 220
As ciências sociais e a filosofia como discursos literários 225
A desvalorização da filosofia 227
A América Latina como somatória de perspectivas disciplinares 230
Conclusão 230

NOTA EDITORIAL

A TEORIA SOCIAL DESENVOLVIDA POR Karl Marx e Friedrich Engels no século XIX ainda hoje é fundamental para compreendemos o mundo em que vivemos. No entanto, para ambos, não bastava apenas interpretar a realidade, era necessário transformá-la, ou seja, a teoria tal qual eles pensavam implicava em uma prática política. A partir disso, a Adunirio, seção sindical dos docentes da Unirio e filiada ao Andes-SN, e a Expressão Popular dão continuidade à frutífera e exitosa parceria, iniciada em 2019, de edição de obras importantes do pensamento crítico brasileiro e latino-americano.

É vasta a tradição que se desenvolve a partir da teoria social de Marx e Engels e é a ela que se filia a presente obra. Jaime Osorio é um reconhecido pensador do campo da Teoria Marxista da Dependência com formulações muito pertinentes e atuais sobre a dinâmica de reprodução e ampliação de capital no capitalismo periférico latino-americano. Em *Fundamentos da Análise Social: a realidade e seu conhecimento* ele recupera o debate sobre as diferentes correntes de interpretação da realidade social dentro das Ciências Sociais de maneira ao mesmo tempo didática e rigorosa.

Com esta publicação, a Adunirio e Expressão Popular procuram fomentar a reflexão crítica de estudantes, professores, militantes de movimentos e organizações populares, de partidos e sindicatos no intuito de que possamos compreender melhor o sistema capitalista e as suas especificidades sociais históricas brasileiras e latino-americanas para que possamos avançar na organização dos/as trabalhadores/as para a construção da revolução brasileira.

Editora Expressão Popular
Diretoria da Adunirio (gestão 2023-2025)

APRESENTAÇÃO À EDIÇÃO BRASILEIRA

Fabio de Oliveira Maldonado

JAIME OSORIO, SOCIÓLOGO CHILENO RADICADO há muito no México, vem se consolidando como um dos sociólogos marxistas mais importantes da América Latina. Com uma vasta e importante obra publicada, o autor ainda é pouco conhecido do público brasileiro, mesmo entre aquele seleto e especializado grupo acadêmico que se dedica a compreender os problemas do continente. Nada mais normal, diríamos.

Se é verdade que as ciências sociais podem servir de mecanismo privilegiado para encobrir e reproduzir os interesses concretos das classes dominantes, não é menos correto dizer que, operadas pelo pensamento crítico, acabam se constituindo geometricamente na antítese desses interesses, isto é, tornam-se um elemento essencial para identificar a raiz dos problemas econômicos, políticos e sociais, contribuindo para que se encontrem as vias de sua superação. Na periferia do sistema, em particular na América Latina, a necessidade de se constituir um pensamento crítico vigoroso emerge de modo ainda mais urgente. É nesse sentido mais profundo que Simón Rodríguez decretou: "ou inventamos ou erramos".

Osorio é herdeiro direto dessa tradição crítica do pensamento latino-americano, historicamente marginalizada pelos círculos intelectuais estabelecidos — as tantas "Ruas do Ouvidor" que sempre existiram pela América Latina. Mais diretamente, é um dos intelectuais que se vinculam à segunda geração da Teoria Marxista da Dependência.

Assim como grande parte da geração de intelectuais e militantes revolucionários de sua época, teve que sair do Chile para ir para o exílio após o golpe de Estado de 11 de setembro de 1973 e a longa noite contrarrevolucionária que se abateu sobre o país andino. Foi no exílio no México — país que abrigava estudantes, intelectuais e militantes vindos de diversos países latino-americanos — que Jaime Osorio ganhou notoriedade como intelectual vinculado à Teoria Marxista da Dependência, se tornando um dos principais discípulos e parceiros intelectuais de Ruy Mauro Marini.

Entre o final da década de 1960 e a primeira metade da década de 1970, a Teoria da Dependência constituiu-se um paradigma no estudo do capitalismo latino-americano, superando qualitativamente a abordagem elaborada pelos teóricos desenvolvimentistas — identificados principalmente com a Comissão Econômica para a América Latina e o Caribe (Cepal) — e a sociologia da modernização. Por seu turno, diferenciando-se da vertente eclética assentada sobre a matriz weberiana (representada, em especial, na obra de Fernando Henrique Cardoso e Enzo Faletto), a Teoria Marxista da Dependência introduzia a perspectiva da dependência como um complemento (e mesmo aprimoramento) à teoria do imperialismo, caracterizando-se por uma reflexão totalizante do sistema capitalista mundial. De acordo com essa corrente teórica, refletir sobre a dependência implica, também, entender as consequências da ação do imperialismo nos países periféricos ou, de forma mais ampla, as consequências da expansão do sistema capitalista em direção a esses países.

Trata-se, então, do exercício de se passar do singular ao geral a partir das particularidades, num processo de construção de relações hierarquizadas que se especificam e determinam, de sorte que a síntese resultante (a totalidade) apareça não mais como uma junção de eventos difusos e sem coerência, mas como um conjunto de relações que se apresentam organizadas no pensamento. Metodologicamente, a apreensão e síntese no pensamento é alcançada mediante a produção de categorias que auxiliam na apreensão dessas relações hierárquicas e de sua dinâmica. Em suma, esse movimento significa não apenas a caracterização do singular e do particular, mas também a maneira como o universal é informado por essas. Daí a necessidade da categoria "dependência" como complemento e aprimoramento do imperialismo. Desse modo, abre-se a possibilidade para que o desenvolvimento e o subdesenvolvimento possam ser entendidos de forma integrada e enquanto contemporâneos de um mesmo processo histórico.

Em relação à Teoria Marxista da Dependência, entre as inúmeras contribuições deixadas, Jaime Osorio se destaca, em especial, pela construção teórica da categoria de *padrão de reprodução do capital* – elaborada a partir dos caminhos metodológicos iniciados por Ruy Mauro Marini. Resumidamente, essa categoria busca conhecer as faces que o capitalismo pode assumir em uma determinada sociedade, dentro de um determinado período histórico, indicando os setores e os ramos que atraem uma maior quantia de investimento e que se constituem nos núcleos dinâmicos da acumulação e reprodução capitalista. Analisando uma região ou um país em um determinado período histórico, pode-se observar que o capital privilegia setores que, naquele momento, serão mais rentáveis ao seu processo de valorização. Desse modo, o padrão de reprodução do capital consiste numa categoria com certo nível de abstração que revela a periodização do movimento repetitivo de valorização do capital, levando em conta o eixo dinâmico da acumulação capitalista em uma determinada região, país, cidade etc.

Sob essa ótica, as disputas interburguesas e intraburguesas, bem como a dinâmica da luta de classes, passam a serem mais bem compreendidas. Em suma, se a análise de determinado ciclo do capital pode ser comparada com a de uma foto, em que se pode observar a imagem congelada da passagem do capital em suas distintas fases, o padrão de reprodução do capital consistiria na análise sequencial de diversas fotos, configurando-se num filme que permite identificar as regularidades de determinado período histórico.

Contudo, essa descoberta "criativa" (se quisermos trazer Simón Rodríguez para perto) acontece no final da década de 1970 e início da década seguinte, momento em que a Teoria da Dependência estava em um acentuado declínio – após atingir o auge e se tornar um paradigma das ciências sociais latino-americanas na primeira metade da década de 1970. O cerco das ditaduras militares aos intelectuais e militantes, a avassaladora ascensão do neoliberalismo e o debate sobre o autoritarismo e sobre a transição democrática acabaram deslocando o debate latino-americano – que, desde os anos 1940, girava em torno do desenvolvimento e do subdesenvolvimento –, tendo um impacto decisivo para o declínio, e mesmo ostracismo, desse paradigma teórico.

Contudo, não foi apenas a Teoria da Dependência que entrou em declínio nesse período. No bojo da crise do capitalismo e de seus impactos desde meados dos anos 1970, as pesquisas e programas de estudo das ciências sociais tomaram outro rumo, com o reposicionamento do positivismo enquanto um dos polos predominantes ao lado do pós-modernismo, que surge com imenso vigor como alternativa científica às ciências "totalizantes".

É justamente em função da consolidação dessas perspectivas, com o predomínio do empirismo, da fragmentação e da dispersão das análises dali derivadas, que Jaime Osorio busca recolocar a perspectiva marxista no centro das preocupações das ciências sociais com seu trabalho *Fundamentos da análise social: a realidade social e seu conhecimento*. Publicado originalmente em 2001 pela editora Fundo de Cultura Econômica, do México, com uma segunda edição, revisada e corrigida, publicada pela mesma editora em 2016 (a partir da qual a presente publicação se baseia), o livro que o público brasileiro agora tem em mãos propõe o resgate da preocupação científica em apreender a inteligibilidade do mundo social a partir da articulação dos seus mais diversos elementos. Em outras palavras, passa necessariamente pela polêmica com o positivismo e com o pós-modernismo.

Nesse sentido, Osorio observa que, em certa medida, a totalidade é tomada pelo pós-modernismo como uma versão acadêmica do totalitarismo, entendida como um esforço filosófico que estaria esgotado e faria parte da modernidade, isto é, do passado. Para o pós-modernismo, o estudo do particular, do contingente e do indeterminado é um dos principais aspectos de sua proposta epistêmica. Em realidade, o problema não estaria no estudo das particularidades e singularidades, mas na falta de articulação dessas com o geral. Já o positivismo e o neopositivismo recusam a noção de totalidade por outras razões. Apesar de conceberem a existência de uma ordem e de um sentido na vida social, sendo o papel da ciência identificá-los, não existiria nenhuma racionalidade capaz de englobá-los numa explicação geral. Para Karl Popper, por exemplo, a realidade não tem limites, de modo que a totalidade, seja lá como se constituir, não poderia ser apreendida pela atividade científica.

Aqui, como aponta Jaime Osorio, existe uma confusão entre conhecer *tudo* e conhecer *o todo* (que estaria associado à ideia de completude). Como observa o autor, para conhecer o todo não é necessário conhecer todos os seus átomos – ou, em outras palavras, para conhecer o bosque não é preciso conhecer cada uma de suas árvores. Tal confusão se dá na medida em que essa perspectiva toma *o todo* como uma "mera" junção de todas as coisas.

A totalidade, ao contrário, é um todo articulado, estruturado e hierarquizado, composto por partes. Mas a totalidade é mais do que a soma das partes, contendo também suas relações. Com efeito, em nossa época, a atividade histórica unificadora da totalidade é o capitalismo – com destaque para a relação capital-trabalho – que se desdobra num sistema mundial hierarquizado e desigual.

Por outro lado, a totalidade enquanto atividade histórica (entendida não como um *ser* estático, mas como um *ir sendo*), é constituída pela negação, pela contradição interna, de modo que se configura em uma universalidade diferenciada, não homogeneizante. Sendo este o caso, a realidade é posta em movimento pela negação de si própria, de sorte que ao se pôr em movimento negando o que já é, coloca-se a si a possibilidade da mudança. Dito de outro modo, é um ente que está em constante processo de ir sendo outro de si. Eis, então, a negação como imanência do ser.

É nessa linha que Marx propunha que o limite da produção capitalista consiste no próprio capital, já que seu movimento de reprodução carrega em si sua negação na forma de crises econômicas que abrem fissuras, que podem resultar em seu revolucionamento e superação (*Aufhebung*). O capital é o responsável por criar seu próprio coveiro, a saber, o proletariado, sujeito que encarna a negação social e política do próprio capitalismo.

Contudo, para que seja conhecida cientificamente enquanto totalidade complexa, a realidade social deve ser decomposta. Nas ciências sociais, esse processo de decomposição para sua apreensão ocorre a partir de três dimensões: a) os níveis de análise, b) o tempo e c) o espaço; de sorte que cada um deles requer um conjunto categorial particular.

Os níveis de análise se referem, em um primeiro momento, aos processos de abstração e concreção da reflexão que buscam superar aquilo que está imediatamente dado na percepção, isto é, as representações que aparecem de forma caótica e que geralmente operam de forma distorcida. Esse método de conhecimento parte de representações iniciais (o concreto representado), com a separação e análise dos elementos simples para, então, decifrar e revelar as articulações específicas da realidade que se deseja explicar. Esse é o processo de abstração ensinado por Marx, que consiste em distanciar-se da realidade imediatamente dada para separar e analisar seus elementos simples – considerados fundamentais no tecido que organiza e dá sentido à realidade social –, para depois fazer o caminho de retorno, incorporando novos elementos e novos processos rumo a uma totalidade enriquecida, e engendrando, assim, uma realidade mais concreta que apareça de maneira organizada, hierarquizada e explicada. Em outras palavras, esse processo resultará num concreto explicado, que é uma síntese de múltiplas determinações.

Para Jaime Osorio, partindo do nível mais abstrato ao mais concreto, o marxismo permite a distinção dos seguintes níveis: modo de produção, modo de produção capitalista, sistema mundial, padrão de reprodução do capital, formação econômico-social e conjuntura. Cada um desses níveis de análise compõe um sistema categorial integrado e inter-relacionado, de modo que os níveis mais concretos se alimentam das noções, categorias e tendências dos níveis mais abstratos, ainda que devam conceber noções, categorias e tendências próprias, que deem conta da particularidade analítica referida. Por outro lado, ao serem bem-sucedidos na apreensão das particularidades, os níveis mais concretos incidem sobre os níveis mais abstratos, redefinindo sua reflexão. Dessa forma, o marxismo conta com um corpo teórico que em todos os níveis está em permanente movimento, se condicionando e se retroalimentando. Ainda assim, ressalva o autor, cada nível tem sua lógica e regularidade, o que exige categorias e metodologias próprias, bem como instrumentos técnicos de coleta de informação.

Já a dimensão temporal não se refere a qualquer tempo, digamos o tempo natural, cronologicamente representado em segundos, minutos, horas, dias, semanas, meses, anos, décadas, séculos e milênios, que são medidos e controlados pelo relógio ou pelo calendário. Essa dimensão se refere ao tempo social, que é heterogêneo e descontínuo, que se condensa e se dilata. É nesse segundo sentido que se torna possível entender a realidade social enquanto unidade dos diferentes tempos sociais, que comporta processos que se apresentam no curto prazo (sendo a noção de conjuntura uma temporalidade específica desse processo), na média duração e ainda em processos de longa duração.

Com efeito, não obstante as diferenças, essas temporalidades se vinculam estreitamente, formando uma unidade do tempo social. Essa intersecção temporal, como nos diz Osorio, é um problema central para a análise, que deve identificar a significação e incidência do tempo curto no tempo de longa duração e vice-versa.

A terceira dimensão da totalidade é a espacial, que nos remete ao vínculo da sociedade com a natureza em espaços geograficamente delimitados, de modo que as condições geográficas desempenham um papel central na própria construção da história social. Nos é lícito pensar, por exemplo, que, sob a perspectiva daquilo que se produz, é diferente ocupar um espaço numa região tropical e um espaço numa região temperada no Sul, ainda que ambos os espaços se localizem em regiões periféricas. Da mesma maneira, a reprodução da força de trabalho se distingue em uma e outra localidade – no primeiro caso, a força de trabalho usa vestimentas mais leves e mantém uma alimentação menos gordurosa, ao passo que, no segundo caso, a força de trabalho deve utilizar uma vestimenta mais grossa, manter uma alimentação mais rica em gordura e ainda ter habitação apropriada para suportar as baixas temperaturas.

Nesse sentido, o autor nos diz que a dimensão espacial contém três níveis principais de análise: os processos sociais que se desenvolvem 1) em espaços macrorregionais; 2) em espaços regionais; 3) em espaços locais. A abordagem sistêmica do capitalismo se aplica ao primeiro caso; a abordagem de uma região integrada política ou economicamente ou de um Estado-nação condiz com o segundo nível; e o terceiro nível se refere a alguns espaços microrregionais, onde são mantidas relações econômicas, sociais e culturais. Independentemente da unidade de análise adotada, esta integra uma estrutura que lhe dá inteligibilidade, o que implica responder duas questões: de que maneira um processo mais geral se manifesta e se expressa nos processos particulares (ou unidades menores) e de que maneira os processos particulares incidem e afetam os processos mais gerais dos quais são integrantes. Como é possível notar, a riqueza do processo de decomposição da realidade social consiste na abertura e na flexibilidade com que permite a passagem de uma dimensão de análise à outra, ou de um nível de análise ao outro, para que se chegue à reconstrução da totalidade.

Não se furtando de debater criticamente com as abordagens que relativizam a existência de uma verdade e negam a possibilidade da existência de uma totalidade cognoscível, a obra tem como uma de suas grandes contribuições a atenção e o cuidado com que apresenta os caminhos pelos quais o processo de reflexão científica deve seguir em direção ao concreto. O leitor prontamente é levado a entender a relevância do processo de abstração, bem como suas necessárias mediações, para que o investigador social esteja apto a apreender a realidade social em suas múltiplas determinações. É sob essa perspectiva epistêmica e metodológica que *Fundamentos da análise social* retoma a polêmica com as correntes empiristas, reafirmando a necessidade da unidade teórico-metodológica para a reconstrução dos dados e dos fatos. Isso, por um lado, nos coloca a questão da ideologia enquanto expressão do pensamento que ilumina um aspecto restrito da realidade, deixando encoberto todo o restante, o que, por outro lado, aponta para o problema da divisão e especialização disciplinar, com seus debates acadêmicos cada vez mais restritos, encerrados pelos altos muros da fragmentação do pensamento, que progressivamente vão interditando as pontes de diálogo com as demais disciplinas, transformando cada campo de conhecimento numa verdadeira ilha.

Dessa forma, a construção do sistema categorial da obra marxiana se desenvolve no sentido de criar pontes para revelar as articulações que organizam a sociedade. Suas categorias são, portanto, "abertas". É nesse sentido que podemos dizer que existe um corpo categorial em que a transdisciplinaridade é um componente constitutivo de sua própria construção. Com efeito, o livro retoma a preocupação de uma real comunicação disciplinar, que reponha qualitativamente a transdisciplinaridade não como uma bricolagem esquemática das mais diversas áreas do pensamento social – como muitas vezes ocorre nas abordagens interdisciplinares –, mas como uma junção do diverso a partir de uma ciência aberta, com um princípio unitário que conceba a possibilidade de apreensão das regularidades e da dinâmica da realidade social.

Exatamente por ser uma ciência aberta, o fato de o processo de abstração tornar possível a intelecção dessas regularidades não deve suprimir a apreensão dos fatos singulares, mas, ao contrário, deve incorporá-los em sua reflexão mais geral para que possam ser dotados de sentido e, portanto, mais bem compreendidos. Como bem coloca Jaime Osorio, não existe no método marxista uma oposição entre as ciências nomotéticas e idiográficas, isto é, na relação entre o lógico e o histórico. Assim, não existe proeminência de um sobre o outro, da teoria sobre a história, ou da história sobre a teoria; ambas caminham juntas.

A breve apresentação de alguns pontos tratados em *Fundamentos da análise social: a realidade social e seu conhecimento* confirma o feliz acerto em publicar este rigoroso trabalho de Jaime Osorio no Brasil. Como se não bastasse, a obra nos brinda não apenas com um excelente material de consulta para que estudantes, professores e militantes políticos entrem em contato com os fundamentos da cognição e análise da realidade social, mas se constitui também em um trabalho que busca reestabelecer a centralidade do marxismo para as ciências sociais, especialmente na América Latina – tarefa urgente e indispensável. Ora, não poderia haver melhor momento histórico para esse empreendimento, seja em função do itinerário proposto, da acessibilidade da linguagem, do alcance da reflexão, ou do horizonte apresentado.

São Paulo, outono de 2024

APRESENTAÇÃO DA PRIMEIRA EDIÇÃO EM ESPANHOL

Jaime Osorio

Durante meus anos como estudante de sociologia no Chile, no final dos anos 1960 e início dos 1970, a politização dos debates em torno dos paradigmas e autores, que buscava uma rápida classificação entre "revolucionários" e "reacionários", dificultava a compreensão das raízes teóricas das quais emergiam as diferenças entre eles. Nesse contexto, muitas vezes não ficavam claras as aproximações e distâncias entre os "tipos ideais" de Weber e o "processo de abstração" em Marx; a consideração dos "fatos sociais como coisas" de Durkheim e o empirismo, ou entre o descobrimento do indivíduo da modernidade e o individualismo metodológico de Popper.

Não é que não existissem disciplinas de filosofia e de metodologia. Acontece que as primeiras, apesar de reunirem estudantes de diversas disciplinas, transitavam num terreno de difícil acesso para aqueles que não tivessem uma noção mínima de Kant e Hegel, razão pela qual muitos de nós terminavam os cursos com mais perguntas do que respostas sobre os problemas discutidos. Essas últimas, em geral, eram reduzidas a explicações complicadas sobre os benefícios de uma entrevista, como chegar numa amostra representativa ou como definir os indicadores. Ou seja, reduziam a metodologia ao campo das técnicas de pesquisa.

Os cursos de pós-graduação que fiz partiam do pressuposto de que já conhecíamos os elementos básicos em matéria de epistemologia, ou então os consideravam desnecessários. O certo é que não houve condições suficientes para abordá-los e, posteriormente, devido às contrarreformas realizadas, sob diversas maneiras, nos currículos dos cursos em quase toda a região, não houve interesse em tratá-los.

Ao longo de vários anos de trabalho docente percebi que minha experiência como estudante não foi excepcional, sendo em vez disso algo bastante generalizado, tanto no nível da graduação quanto no de pós-graduação.

A bibliografia disponível sobre epistemologia e metodologia para as ciências sociais se restringe a um espectro bipolar: trabalhos com uma carga filosófica muito forte, de difícil compreensão e geralmente escritos para especialistas ou pessoas com sólida formação nessa área, e manuais – melhores ou piores – que terminam oferecendo "receitas" para fazer teses ou resolver técnicas de pesquisa.

Não é fácil encontrar material bibliográfico que articule o debate de temas epistemológicos com os problemas centrais das ciências sociais. Essa é a proposta e a vantagem, se é que possui alguma, deste livro.

Portanto, este material não é direcionado a especialistas, mas sim a estudantes de graduação, pós-graduação e jovens pesquisadores que se defrontam com perguntas fundamentais referentes à epistemologia das ciências sociais.

É comum que cada um considere como importante justamente aquilo ao qual se dedica, e talvez eu não escape dessa premissa. Contudo, espero ter abordado temas que, para além do meu interesse, pareçam relevantes para futuros pesquisadores sociais.

Tepepan, Cidade do México, março de 2000

INTRODUÇÃO:
OS CUSTOS DA RUPTURA ENTRE AS CIÊNCIAS SOCIAIS E A FILOSOFIA[1]

Numa época em que o discurso pós-moderno assume como correta a desvalorização da teorização e propõe um relativismo discursivo no qual "vale tudo", em que importa mais a estética do discurso que sua consistência e capacidade explicativa da realidade, ou na qual predominam os apelos para "ir até a realidade concreta", mistificando o dado, assumindo uma postura empirista ingênua diante da noção de realidade em si e concedendo um poder ubíquo à informação, este livro busca navegar contra a corrente.

Diante do anúncio do declínio dos metadiscursos, o pós--modernismo acabou criando o seu próprio, sustentando que só as visões fragmentárias e a dispersão podem oferecer respostas, válidas como quaisquer outras, a um mundo no qual "tudo que é sólido se desmancha no ar", um cenário virtual de mudanças vertiginosas em que se assume não a transformação, mas o desaparecimento das estruturas sociais.

Como bem destacou a Comissão Gulbenkian, "viemos de um passado social feito de certezas conflitantes entre si – certezas relacionadas à ciência, à ética ou aos sistemas sociais – e achamo-

---
[1] Tradução de Eduardo Perondi.

-nos num presente caracterizado por um grande questionamento, o qual inclui o próprio questionamento da possibilidade intrínseca de se possuir certezas". Mais ainda, "talvez sejamos testemunhas do fim de um tipo de racionalidade que já não se adequa ao nosso tempo".[2] O caos, a incerteza, o acaso, o contingente, o diverso, são elementos que toda nova ciência social deve considerar em sua construção. Até esse ponto, é possível compartilhar alguns diagnósticos presentes em certas visões pós-modernas, que coincidem com aspectos das teorias modernas do caos.[3] Contudo, "não se trata, de forma alguma, de defender o abandono do conceito de racionalidade substantiva", como reivindicam os pensadores pós-modernistas mais radicais, que adotam como ponto de partida a irracionalidade do mundo social. Pelo contrário, "o projeto que continua a ser central, tanto para os estudiosos da vida social humana como para os cientistas das ciências naturais, é o da inteligibilidade do mundo",[4] isto é, "delinear o quadro de um sistema de ideias gerais coerentes, lógico e necessário, em termos a partir dos quais possamos interpretar todo e qualquer elemento de nossa experiência".[5] Da mesma forma, a noção de objetividade deve ser repensada. Mas o fato de que toda visão de mundo seja uma seleção de realidade e de informação não pode nos levar a supor que as ciências sociais devam ser reduzidas "a uma miscelânea de perspectivas individuais, cada uma delas tão válida quanto as

---

[2] Wallerstein, I. (coord.), *Abrir las ciencias sociales*, Siglo XXI, México, 1996, p. 85. [N. T.: Edição de Portugal: Wallerstein, I. (coord.), *Abrir as ciências sociais*, Europa-América, Portugal, 1996, p. 112].
[3] Ver Hayles, N. K. *La evolución del caos. El orden dentro del desorden en las ciencias contemporáneas*, Gedisa, Barcelona, 1998; e George Balandier, *El desorden. La teoría del caos y las ciencias sociales*, Gedisa, Barcelona, 1997.
[4] Wallerstein, I., *op. cit.*, p. 86. [N. T.: ed. port. cit., p. 112].
[5] Whitehead, A. N. *Process and Reality*, ed. corr. Macmillan, Nova York, 1978, p. 3, citado por Wallerstein, I., *op. cit.*, p. 86.

restantes",[6] como gosta de apregoar o relativismo pós-moderno.[7] Por outro lado, nas ciências sociais o caminho mais curto para chegar ao conhecimento não passa por enfrentar a realidade simplesmente, como supõe o empirismo ingênuo. Essa posição evade a mediação central, que diz respeito aos problemas de como nos posicionamos diante da realidade social, como a interrogamos, como lemos e interpretamos suas respostas e, inclusive, como o dado e a informação são construídos.

Este livro foi concebido como um convite a pensar e a refletir. A questionar as evidências do senso comum. A tomar a realidade com o cuidado merecido. A considerar o próprio processo de construção dos dados, dos fatos, como um problema teórico e metodológico. A considerar que não existem dados encerrados em si mesmos, já que "todas as observações empíricas estão necessariamente carregadas de teoria e que inclusive os atos ordinários de percepção, tais como o ato de ver, de tocar, de ouvir, estão profundamente condicionados por nossas conceitualizações prévias".[8] Em suma, "há muito mais para ver do que o que entra pelo olho".[9] Tais tipos de reflexão são cada vez mais raros nas escolas e faculdades que se dedicam ao estudo das ciências sociais e, com sorte, tendem a estar restritos às escolas de filosofia. Dessa forma, abandona-se um aspecto fundamental da formação crítica de quem se dedica a pensar sobre os problemas sociais, como debater os pressupostos epistêmicos e metodológicos; como as teorias e os paradigmas são construídos; por que estes privilegiam certas

---

[6] Wallerstein, I., *op. cit.*, p. 100 [N. T.: ed. port. cit., p. 129].
[7] Em *Contra el posmodernismo. Una crítica marxista*, de Alex Callinicos (El Áncora, Bogotá, 1983) pode-se encontrar uma boa crítica aos fundamentos filosóficos de algumas das principais correntes pós-modernas.
[8] Blaug, M. *La metodología de la economía*, Alianza Universidad, Madri, 1985, p. 61.
[9] Hanson, N. R. *Pattern of Discovery*, Cambridge University Press, Cambridge, 1965, citado por Blaug, M., *op. cit.*, p, 61.

dimensões de análise; decifrar os *horizontes de visibilidade* que aqueles constroem; responder por que iluminam certas franjas da realidade, quais delas ficam ocultas e quais são as consequências decorrentes dessa situação.

No longo prazo, filósofos e cientistas sociais perdem. Esse é mais um custo causado pela forma que as divisões disciplinares assumiram na academia ao longo do século XX.

Se existe alguma base que deveria ser comum entre os cientistas sociais é justamente a problematização que o tratamento de temas como os aqui abordados possibilita. Independentemente de sua procedência disciplinar, um antropólogo, um economista ou um cientista político podem dialogar academicamente sobre a base que oferece a formação teórico-epistemológica e metodológica. Não é, portanto, um tema a mais a ser estudado. É um tema básico, que torna possível uma comunicação que transcende as fronteiras disciplinares nas ciências sociais. Torna possível, em suma, a transdisciplinaridade.

Talvez essa seja uma das bases mais sólidas para "abrir as ciências sociais"[10] e romper com a camisa de força imposta pelas barreiras disciplinares atuais. Permite também romper com os reducionismos que "amarram" a reflexão tanto às visões holísticas, macro ou puramente estruturais, quanto às suas contrapartes, as visões parciais, micro e dos sujeitos, e que travam a mobilidade de uma direção à outra. Pensar sobre a realidade é um assunto complicado. E muito mais se pensamos nela como uma unidade múltipla e diversa, que possui, no entanto, algum princípio unificador. Este livro destrincha uma série de questões-chave, e cada

---

[10] Essa boa expressão dá título ao informe da Comissão Gulbenkian, coordenada por Wallerstein, e reaparece em várias partes deste livro. Ver Wallerstein, I., *op. cit.*

capítulo trata de um tema específico com o intuito de simplificar o tratamento e a compreensão dessa diversidade.

O leitor pode ir de maneira direta a cada capítulo de acordo com seu interesse, pois a exposição deles foi pensada como uma unidade em si mesma. No entanto, pode-se aproveitar melhor o material do livro por meio da leitura dos quatro primeiros capítulos, que tratam de questões mais gerais, e nos quais serão encontrados elementos que tornarão mais compreensíveis os temas abordados nos capítulos posteriores. Para quem deseja aprofundar a discussão, a bibliografia utilizada foi incluída ao final de cada capítulo.

I. A TOTALIDADE COMO ATIVIDADE UNIFICADORA[1]

A totalidade como atividade que unifica o sentido da vida em sociedade

Existem elementos que nos permitem explicar e decifrar os movimentos da realidade social? A vida em sociedade conta com algum princípio de unidade e estruturação? Ela tem algum sentido geral de organização? Quais processos unificam a realidade social atual? É possível chegar aos fundamentos do que a unifica ou estes estão além da nossa compreensão?

Perguntas como as anteriores nos remetem a problemas filosóficos e epistêmicos centrais. Neles estão em jogo questões fundamentais. Aqui nos interessam as questões relacionadas com a noção de totalidade.

Para algumas escolas, não é possível formular explicações substantivas sobre a realidade social porque a consideram indeterminada, resultado de meras contingências. Atribuir a ela algum sentido ou dar conta de algum aspecto seu é um exercício arbitrário, em que qualquer discurso é igualmente válido, face ao irracionalismo que a constitui. Outras escolas apontam que

---

[1] Tradução de Gabriel Oliveira de Carvalho Senra.

é possível estabelecer leis e regularidades, mas a própria essência dos processos sociais escapa ao entendimento humano (como no *noúmeno* kantiano, "a coisa em si"). Portanto, só chegamos a uma compreensão parcial da realidade social.

Um terceiro tipo de escola formula que a realidade social alcança uma unidade e que a razão pode desvendar aquilo que a organiza e lhe dá sentido. É nessa posição que se situa esta exposição.

Argumentaremos em torno de três ideias centrais: a primeira, a de que a realidade social tem uma atividade unificadora decifrável, o que nos permite alcançar o sentido de seus processos e de seus desenvolvimentos. Em resumo, que é necessário pensar a realidade social a partir da totalidade. A segunda, que a lógica do capital é a totalidade que unifica os processos da vida social em nossos tempos. A terceira, que é nessa totalidade onde os problemas que ocupam as diversas disciplinas sociais ganham inteligibilidade.

O mal-estar com a totalidade

De maneira explícita ou implícita, a noção de totalidade é talvez um dos pontos centrais nos debates epistêmicos de nosso tempo. Em torno dela – seja para negá-la em termos ontológicos (não é inerente ao ser) ou epistêmicos (é desnecessária como operação do conhecimento), seja para fundamentá-la (em termos ontológicos e/ou epistêmicos) –, estabelecem-se fronteiras substanciais entre as principais propostas em torno do que e como conhecer em nosso tempo.

Pós-modernos e positivistas

Para o pós-modernismo (que, em suas diversas variantes, tem ganhado presença crescente em diversas disciplinas das ciências humanas e sociais), considerar o tema do sentido ou da unidade da vida social não deixa de ser parte de um esforço teórico esgotado, o da modernidade, e constitui outro grande relato desse projeto que,[2] assim como os da emancipação e do progresso, deve ser deixado de lado, junto aos da verdade,[3] para que o pequeno relato – por certo, o novo *megarrelato* pós-moderno – tenha algum sentido. A atenção ao particular, ao contingente e ao indeterminado consiste em um dos pontos fortes dessa proposta epistêmica. Isso toma forma em diversos estudos de fragmentos da sociedade, nunca daquilo que organiza ou articula esses fragmentos. Algo como assumir dois centímetros quadrados de um mosaico e examiná-los exaustivamente, mas sem jamais se perguntar sobre o mural do qual o mosaico faz parte, ponto de vista em que seriam revelados diversos significados que este, em seus limites estreitos, apresenta. Nada de determinações nem de perguntas sobre o que unifica a vida em comum. Pensar em termos da totalidade significa, para o pensamento pós-moderno, como também para o pós-estruturalismo, uma versão acadêmica do totalitarismo.

O pós-modernismo apresenta críticas pertinentes ao paradigma empirista-positivista imposto como "o científico" pela modernidade que nos acompanha. No entanto, sua crítica nada mais é que o reverso neorromântico do que questiona, sem superar os fundamentos do pensamento da modernidade, estabelecendo, face à racionalidade vigente, uma espécie de irracionalismo que nos deixa desarmados diante da tarefa de explicar os processos da realidade social.

---

[2] Lyotard, J. *La condición pós-moderna*. Madri: Cátedra, 1994. A publicação original em francês é de 1979. [N. T.: Edição brasileira: *A condição pós-moderna*. Rio de Janeiro: José Olympio, 2009.]

[3] "Se reúno o que alguns filósofos disseram sobre a verdade, é na esperança de desencorajar a que se siga dando atenção a este tema estéril." Rorty, R. *Verdad y progreso*. Barcelona: Paidós, 2000, p. 23. [N. T.: Edição brasileira: *Verdade e progresso*. São Paulo: Editora Manole, 2005.]

O mal-estar e a recusa do positivismo e do empirismo à noção de totalidade têm outros fundamentos. Essas correntes assumem que há ordem e regularidade nos processos sociais e que a tarefa das ciências é desvendá-los.[4] O problema é que não existe nenhuma racionalidade que possa englobar uma explicação geral da vida social, nas palavras de Friedrich von Hayek.[5] A partir da mesma vertente filosófica, segundo Karl Popper a recusa à totalidade, como mencionamos, parte da ideia de uma realidade sem limites. "Se queremos estudar uma coisa", ele aponta, "nos vemos obrigados a selecionar alguns aspectos dela", já que "não nos é possível observar ou descrever uma porção inteira do mundo". Qualquer totalidade assim concebida "nunca pode ser objeto de nenhuma atividade científica".[6] O que temos nessas posturas é uma confusão, como indicamos, entre "conhecer *tudo*", o que remete a uma noção como a da "completude" formulada por Edgar Morin,[7] e "conhecer *o* todo", que se refere à totalidade enquanto relações e processos que unificam a vida social e que lhe dão sentido. "Para conhecer uma floresta não é necessário conhecer cada uma de suas árvores. Talvez essa trivialidade tenha sua origem no hábito nominalista e atomístico de conceber o todo como uma mera 'coleção de todas as coisas'."[8] Com uma posição semelhante à de Popper,

---

[4] Ordem inerente às coisas mesmas, como leis do comum e do constante. Ver Pérez Soto, C. *Desde Hegel: para una crítica radical de las ciencias sociales*. México: Ítaca, 2008.

[5] Hayek, F. "El ideal democrático y la contención del poder", *Estudios Públicos*, n. 1, Santiago, 1980.

[6] Popper, K. *La miseria del historicismo*, Alianza Editorial, Madri (1973), 1992, quarta reimpressão, p. 91. [N. T.: Edição brasileira: *A miséria do historicismo*. São Paulo: Cultrix/USP, 1980]

[7] Morin, E. *Introducción al pensamiento complejo*, Gedisa, Barcelona, 1998. [N. T.: Edição Brasileira: *Introdução ao pensamento complexo*. Porto Alegre: Editora Sulina, 2015]

[8] Pérez Soto, C. *Desde Hegel. Para una crítica radical de las ciencias sociales, op. cit.*, p. 179. Nesta parte do trabalho somos tributários de muitas das ideias desse livro.

Max Weber aponta que "qualquer conhecimento conceitual da realidade infinita pela mente humana finita repousa na suposição tácita de que apenas uma *parte* finita dessa realidade constitui o objeto da investigação científica".[9] As capacidades humanas, finitas, não podem apreender uma realidade que as excede. A resignação kantiana de não poder chegar à "coisa em si" se faz presente nas ciências sociais de maneiras muito diversas.

Os limites do conhecer no mundo do capital

As razões dessas correntes para rejeitar a ideia de totalidade não são alheias às necessidades de reflexão que acompanham a burguesia em sua ascensão e consolidação, bem como ao tipo de ciências sociais que daí pode derivar. Inicialmente caberia apontar a necessidade dessas ciências de sustentar um mundo alienado, onde a organização social existente – com sua apropriação e dominação de trabalho alheio – deve ser pensada como uma questão regida por leis sociais (feitas por homens), mas naturalizadas, tal como a chuva ou a lei da gravidade, e não como uma questão social concreta (leis ou acordos não só feitos pelos homens, como também situados e determinados por interesses) e historicamente produzida.

Além disso, caberia também apontar que as "partes finitas" que compõem a realidade social, como a economia e a política, permaneçam separadas, exteriores umas às outras, sem relações entre o que nelas ocorre, de modo que, se há exploração (diferenças sociais, dirá o especialista), não é porque existe dominação, mas é o resultado de capacidades, talentos e qualificações diferentes, e, se existe dominação (alguém deve mandar, dirá também), não é porque existe exploração. Fraturar a vida social,

---

[9] *Ensayos sobre metodología sociológica*, Amorrortu Editores, Buenos Aires (1973), quarta reimp., 1993, p. 70.

romper ou desconhecer as relações – eis um princípio epistêmico necessário ao mundo (e às ciências) que constrói a modernidade do capital. A fé na razão, que acompanha a ascensão burguesa, encontra nos processos anteriores fronteiras específicas. Fé na razão, porém limitada. Na nova ordem social são necessários conhecimentos e técnicas que revolucionem as forças produtivas e que elevem geometricamente a capacidade de produzir, fazendo com que nesse tornado "tudo o que é sólido se desmanche no ar". Mas o mundo social e a lógica que o constitui formam um mundo que a razão só pode alcançar em zonas limitadas, uma vez que as promessas defendidas e não cumpridas pela burguesia sobre liberdade, igualdade e fraternidade não devem surgir como resultado da própria ordem construída por essa classe a partir de suas revoluções.

Desvendar a lógica que organiza a atual ordem social constitui-se, portanto, num tema muito problemático para uma reflexão que tem limitações sociais e epistêmicas constitutivas. Recusar a noção de totalidade é apenas um aspecto nesse grande problema. Isso está presente até em questões mais triviais, ainda que não menos importantes, como nomear a ordem social vigente. Assim, proliferam termos como *pós-moderno, pós-industrial, sociedade das comunicações, da informação, do conhecimento, de risco, de redes.* Defini-la simplesmente como capitalismo é considerado obsoleto porque não consegue dar conta do novo, de tudo o que mudou; afinal, não estamos no século XVIII, mas no XXI – nos será dito em tom condescendente. No fundo, é plausível qualquer nome que não vise dar conta das relações centrais em contradição, como os mencionados acima. *Capitalismo*, como ordem do mundo posta pelo capital, é assim o menos apropriado.

Se as ciências sociais da modernidade atual assumem a noção de totalidade, fazem-no como uma soma mecânica de partes exteriores entre si, que formam um todo sem substancialidade própria.

É o que expressa o individualismo metodológico, por exemplo, que pensa a sociedade como uma simples soma de indivíduos; para ele, a sociedade como tal não tem um significado específico, mas apenas o indivíduo, o verdadeiro "átomo" do qual se deve partir para pensar o social.[10] Por sua vez, esse todo enquanto agregado mecânico de partes é compreendido da mesma maneira pela qual são compreendidas as partes que o compõem: imóveis, em equilíbrio, homogêneas, exteriores entre si, sem atividade interior. Tudo isso coloca sérios problemas para pensar a mudança e o conflito, em geral resultados da operação de um "algo" externo.

A a-historicidade da teoria dos sistemas

A teoria dos sistemas, formulada pelo biólogo austríaco Ludwig von Bertalanffy, que possui seguidores mais recentes nas ciências sociais, como Niklas Luhmann,[11] é talvez a proposta mais avançada a partir da modernidade do capital para moderar a ideia de unidades conformadas como simples soma das partes, sem atividades ou significados específicos. Ao contrário, nessa teoria postula-se que "é necessário estudar não só partes e processos isolados, mas também resolver os problemas decisivos relacionados à organização e à ordem que os unificam, resultantes da interação dinâmica das partes e que levam ao comportamento distinto delas quando são

---

[10] "O todo é pensado como uma articulação que [...] tem partes, que por sua vez têm partes, que têm partes... Essa regressão [...] não é infinita. O sentido da tendência analítica está assegurado pela convicção de que deve haver um limite no qual se encontram aquelas partes que já não têm partes. Em sentido conceitual, o átomo." Pérez Soto, *op. cit.*, p. 92.

[11] De Ludwig von Bertalanffy, ver *Teoría general de los sistemas*. México: Fondo de Cultura Económica, 1976. De Niklas Luhmann, ver *Sistemas sociales: lineamientos para una teoría general*. México: Alianza-UIA, 1991. [N. T.: edições brasileiras: Ludwig von Bertalanffy, *Teoria geral dos sistemas*. Petrópolis: Editora Vozes, 1975; e Niklas Luhmann, *Sistemas sociais: esboço de uma teoria geral*. Petrópolis: Editora Vozes, 2016.]

estudados isoladamente ou dentro do todo".[12] A teoria dos sistemas visa superar a ideia da sociedade como um sistema predominante na mecânica celeste, com atrações e repulsões de indivíduos e grupos à maneira dos movimentos apresentados por planetas e outros corpos celestes, que de alguma maneira está presente na obra de Thomas Hobbes.

Em sua nova versão, a teoria dos sistemas assume o modelo da fisiologia humana, na qual as partes cumprem funções específicas para o movimento e a atividade do todo orgânico. Assim, consegue-se um estruturalismo *dinâmico* no qual o todo a que se chega é fundamentalmente invariável, mas possibilitando que se introduza a perspectiva da mudança e da interação entre suas partes e subsistemas. Essas mudanças visam evitar o aumento de entropia (degradação da energia) associada à desordem, e portanto têm como função o reestabelecimento do equilíbrio do sistema social.[13] Com base nesse tipo de sistema – com mudanças e que no entanto não muda,[14] característica que revela seus traços conservadores –, a teoria dos sistemas tem dificuldades para historicizar os processos da vida social, resultado dos modelos de fisiologia orgânica que a fundamentam, o que gera um tipo de organicidade sem história e sem evolução real, ocupada particularmente com as exigências de atingir o equilíbrio interno.

O todo e as partes

Numa "degeneração do conceito de totalidade", aponta Karel Kosík, desemboca-se "em duas trivialidades: que tudo está em

---

[12] Bertalanffy, *op. cit.*, p. 31.
[13] Nesse sentido, a teoria dos sistemas não se refere a indivíduos, mas sim a unidades sociais, sistemas sociais. A finitude e historicidade dos indivíduos (são concebidos, nascem, crescem e morrem) não afeta o sistema, na medida em que novos indivíduos os substituem, mantendo vivo o organismo social.
[14] Dito de outro modo, mudanças *no* sistema, mas não mudanças *do* sistema.

conexão com tudo e que o todo é mais do que as partes".¹⁵ Diante da frase "tudo tem a ver com tudo", a questão substantiva está associada à pergunta: mas de que maneira?, o que implica dar conta da unidade e da atividade que a constitui,¹⁶ bem como das particularidades no interior dessa unidade e de seu papel na dinâmica da totalidade. Do contrário, o que temos é uma totalidade indiferenciada, na qual tudo se encaixa, mas cujo sentido desconhecemos. Quanto à formulação de que o todo é mais do que a soma das partes, isso é o resultado de que a totalidade contempla não só as partes, mas também suas *relações*.

É nesse sentido que é possível entender a observação de Marc Bloch quando afirma que "em 1800, Fustel de Coulanges dizia a seus ouvintes, na Sorbonne: 'Suponha cem especialistas repartindo, em lotes, o passado da França. Crês que ao fim eles teriam feito a história da França? Duvido muito. Faltaria a eles, pelo menos, a vinculação dos fatos, *e essa vinculação também é uma verdade histórica*'".¹⁷ Considerando *a totalidade como um todo estruturado* (em contraposição à ideia de *totalidade desorganizada*) e *hierarquizado* (ao contrário da ideia de *totalidade indiferenciada*), estaremos mais equipados para compreender não só a própria totalidade, recriada de maneira permanente em sua dimensão histórica e espacial, como também seus elementos constitutivos. Pois "o conhecimento dos fragmentos estudados sucessivamente, *cada um por si*, não dará jamais o do conjunto, *não dará sequer o*

---

[15] Kosík, K. *Dialéctica de lo concreto*: estudio sobre los problemas del hombre y el mundo. México: Grijalbo, 1967, p. 54. [N. T.: Edição Brasileira: *Dialética do concreto*. Rio de Janeiro: Paz e Terra, 1976.]

[16] "A ideia de totalidade [...] expressa a noção de unidade que é uma atividade. Uma unidade que não se limita simplesmente a ser (imóvel), senão que é um 'ir sendo', uma atividade de 'resultar ser'." Pérez Soto, *op. cit.*, p. 78.

[17] Bloch, M. *Introducción a la historia*, Fondo de Cultura Económica. México, 1987 (1952), p. 20 (itálico do original). [N. T.: Marc Bloch, *Apologia da história ou o ofício de historiador*. Rio de Janeiro: Editora Zahar, 2001.]

dos fragmentos".[18] Contudo, nessas afirmações pouco ou nada avançamos em relação a decifrar como são essas relações ou vinculações mencionadas, como é a totalidade em termos de atividade unificadora que a constitui e por que sua dinâmica envolve determinadas tendências e tensões.

A totalidade como atividade unificadora

Na totalidade, temos uma unidade que é uma atividade histórica (um "*ir sendo*"), em tensão interna – negação e conflito constitutivos que a tornam outra a partir de si mesma –,[19] que articula, estrutura, organiza e hierarquiza a vida social. A totalidade dota de sentido a vida em sociedade. Esse sentido pode ser formulado e explicado quando leva em consideração a atividade formadora da unidade e do conflito que a constitui. Com isso, podemos afirmar que a vida em comum é inteligível, passível de ser explicada de forma substantiva. A totalidade constitui uma "universalidade diferenciada", com particularidades nas quais o universal se efetiva como diferença e dá lugar "à novidade efetiva do diferente". Dessa forma, a totalidade não homogeneíza (é "não totalitária") e nos exige, pelo contrário, dar conta do particular.[20]

Em nosso tempo, a atividade unificadora da vida social, aquela que lhe dá sentido, é a desenvolvida pelo capital. A lógica do

---

[18] Bloch, M. *op. cit.*, p. 120 (itálico do original). Nesse sentido, os apelos a estudos interdisciplinares ou multidisciplinares como forma de reconstruir a unidade partem de um ponto equivocado: supõem que a totalidade social é a somatória de fragmentos.

[19] Remeto-me a Pérez Soto, *op. cit*, em particular à seção "Categorías", número IX: "Nada", p. 161-9.

[20] Cf. Pérez Soto, *op. cit.* p. 165-6. Falar de capitalismo *dependente* é um exemplo de particular cuja explicação não se esgota no universal capitalismo. Exige suas próprias categorias para dar conta de sua natureza e originalidade, de sua diferença no interior da totalidade. Ver Osorio, J. *Explotación redoblada y actualidad de la revolución*. México: Ítaca-UAM, 2009, cap. 2.

valor que busca se valorizar (ou, em termos mais simples, de um dinheiro que visa aumentar) desencadeia um processo que acaba arrastando e aprisionando a vida social em sua voragem e tinge o conjunto das relações em nossas sociedades. Marx alude a isso quando afirma que "o capital é a potência econômica (da sociedade burguesa) que domina tudo".[21]

A relação capital-trabalho que define o capital não corresponde a uma relação qualquer, periférica, uma a mais inserida nas diversas relações que atravessam a vida social capitalista, como apontam as correntes pós-estruturalistas e pós-modernas. Não temos um todo *indiferenciado* de relações, como o que está presente na ideia generalizada de que "tudo tem a ver com tudo", que parece explicar muito e acaba não explicando nada. Pois o problema da análise é demonstrar como as diversas relações e processos incidem – de maneira hierarquizada, com maior ou menor incidência – no rumo e no sentido da vida social. Assim, a relação capital-trabalho tem um peso constituinte específico e hierárquico determinante.[22]

A isso alude Marx quando indica que "[em] todas as formas de sociedade há uma determinada produção que *atribui a todas as outras* sua influência correspondente, e cujas relações [...] atribuem a todas as outras seu alcance e influência". Mais ainda, essas relações constituem "uma iluminação geral na qual se banham todas as cores e [que] modifica as particularidades destas. É como um éter particular que determina o peso específico de todas as formas

---

[21] Marx, K. *Elementos fundamentales para la crítica de la economía política (Grundrisse)1857-1858*. México: Siglo XXI Editores, 1971, v. 1, p. 28. [N. T.: Edição brasileira: Marx, K. *Grundrisse*. São Paulo: Boitempo, 2011.]

[22] Um breve parêntese para espantar falsos fantasmas: determinar não é sinônimo de determinismo, como gosta de afirmar o pós-estruturalismo, já que "há possibilidade real quando, a partir de um estado do mundo, podem acontecer muitas coisas, *mas não qualquer coisa*". Nesse caso *"a lei não dita a necessidade*, mas apenas o limite. A lei como limite marca a diferença *entre* o possível e o impossível". Pérez Soto, C. *Desde Hegel, op. cit.*, p. 126 (itálico nosso).

de existência que ali formam relevo".²³ A relação capital-trabalho constitui, portanto, a atividade que unifica e dá sentido à vida em sociedade na atual ordem social.

A lógica do capital

O capital é fundamentalmente uma relação social de exploração e dominação. De exploração, pois é condensação de trabalho e valor expropriados (para outros). É relação de dominação, porque tal expropriação repetida dia após dia só é possível em um quadro de dominação. Essa dupla relação se reifica em dinheiro, máquinas, ferramentas, instalações, matérias-primas, força de trabalho, mercadorias. Vamos considerá-la aqui em sua forma dinheiro para observar o que nos revela.

Como dinheiro (D), o capital se move no mercado com vontade de aumentar a si mesmo (D').²⁴ A presença de um dinheiro com tais características é muito antiga e se apresenta inicialmente no mercado sob a fórmula "comprar barato para vender caro", conseguindo assim o aumento do dinheiro inicial. Na atual organização social, esse movimento assume características com as quais não apenas opera na superfície da produção (nas franjas do mercado), mas a reorganiza por completo. A *lógica do capital* é o conjunto de movimentos e processos que, em seu afã por valorizar-se, o dinheiro leva a cabo. Por exemplo, deve criar mercadorias prenhes de novo valor; construir mercados nos quais essas mercadorias sejam demandadas e operem sujeitos sociais com poder de compra; encontrar ou produzir os elementos adequados para que o dinheiro aumente não apenas comprando barato e vendendo caro, mas por meio de um processo real de criação de novo valor, de modo

---

²³ Marx, *op. cit.*, p. 27-28.
²⁴ O capital pode assumir diversas formas: dinheiro, máquinas, matérias-primas, mercadorias etc. A forma dinheiro é a que melhor dá conta de sua vocação ao aumento incessante.

que, apesar de pagar por seu valor e vender por seu valor, haja um excedente de mais valor e, por isso, de mais dinheiro.

Se nos é permitido uma metáfora, a lógica do capital é como um tornado que se expande e em sua voracidade apanha tudo que está no caminho, submetendo tudo à sua dinâmica e aos seus movimentos, reorganizando e rearticulando as relações pré-capitalistas, destruindo o que não pode arrastar e elevando o que acaba submetido à sua força e velocidade.

O que e como conhecer nas ciências sociais

Embora reconheça que existem diferenças de objeto entre as ciências naturais e as ciências sociais, o positivismo de Comte propõe nos fatos uma linha de continuidade em matéria de conhecimento, na medida em que, de acordo com "a perspectiva da época, a sociedade e as instituições sociais eram consideradas como parte de um universo natural, único e regido por leis".[25] Portanto, as regras do conhecimento das ciências sociais são idênticas às das ciências naturais: trata-se de alcançar as regularidades, "naturais" e "imutáveis", que regem a vida social.[26] Daí a ideia de fazer da sociologia uma "física" social. Esta postura é rejeitada por Max Weber e Karl Marx, ainda que não pelas mesmas razões, já que os autores divergem em pontos fundamentais em suas estratégias de conhecimento.

---

[25] Therborn, G. *Ciencia, clase y sociedad*: sobre la formación de la sociología y del materialismo histórico. Madri: Siglo XXI Editores, 1980, p. 218.

[26] As novas propostas epistemológicas recusam "a distinção ontológica entre os seres humanos e a natureza, distinção que faz parte do pensamento moderno pelo menos desde Descartes". Parte-se do "reconhecimento de que ainda que as explicações que possamos dar sobre a estruturação histórica do universo natural e da experiência humana não sejam em nenhum sentido idênticas, elas tampouco são contraditórias, e ambas estão relacionadas com a evolução". Ver Wallerstein, I. (coord.). *Abrir las ciencias sociales*. México: Siglo XXI Editores, 1996, p. 84-86. [N. T.: ed. port. cit.]

Weber considera que as formas de conhecer das ciências sócio-históricas são específicas, diferentes das ciências naturais. É preciso ter em mente que a proposta weberiana de conhecimento busca uma solução para esse problema enfrentando três grandes rivais: o historicismo alemão, por um lado, e o positivismo e a filosofia "especulativa" por outro. Diante do primeiro, que rejeita a ideia de fazer da ciência uma busca por tendências gerais, dada a criatividade inesgotável da vida e a não repetição dos fatos históricos, Weber opõe a necessidade de estabelecer leis das regularidades sociais e assim construir explicações causais. Frente ao positivismo, por outro lado, que enfatiza a conversão das ciências sociais em ciências regidas por leis gerais, mas consideradas como leis "naturais", e diante da especulação da filosofia – que busca esquemas interpretativos universais, mas "metafísicos" –, Weber opõe a compreensão científica dos fenômenos singulares.

Nessa tensão, traça-se "um ponto medular da concepção weberiana, pois seu programa de reflexão metodológica repousa fundamentalmente [...] no tenaz esforço de relacionar o que está separado taxativamente em sua tradição: a compreensão e a explicação".[27] É assim que Weber chega à definição da *explicação compreensiva* como o caminho específico das ciências sócio-históricas.[28] Na definição das particularidades do conhecimento dessas ciências, Weber se apoia – e ao mesmo tempo toma distância – nas contribuições de alguns dos principais autores que deram vida ao *Methodenstreit*, o debate sobre o método e o alcance das ciências

---

[27] Gil Antón, M. *Conocimiento científico y acción social:* crítica epistemológica a la concepción de ciencia en Max Weber. Barcelona: Gedisa Editores, 1997, p. 47.
[28] Para Göran Therborn, a compreensão (*Verstehen*) de Weber vem da economia marginalista, que "parte do ator individual que calcula como alcançar seus fins com meios escassos e busca, portanto, o que pode ser chamado de uma compreensão explicativa das regularidades do mercado". Ver Therborn, *op. cit.*, p. 294.

sociais que aconteceu na Alemanha na última parte do século XIX e começo do XX.

Wilhelm Dilthey introduz nessa discussão a distinção entre ciências do espírito, que têm como tarefa central "compreender" (*Verstehen*), e ciências da natureza, cuja tarefa central é "explicar" (*Erlebnis*). O cientista social faz parte do objeto que estuda, a sociedade, demarcando uma diferença sua em relação ao pesquisador das ciências naturais, para o qual o objeto de estudo é externo. Dessa posição interna, "o homem pode compreender seu mundo [...] porque faz parte dele e o capta de dentro".[29] Seguindo Dilthey, Weber acrescentará que as ciências sócio-históricas, na medida em que se ocupam de processos humanos, são "interpretáveis", isto é, permitem captar o sentido das ações, com o que oferecem algo a mais em relação às ciências naturais.[30]

Contudo, Weber se distancia de Dilthey na medida em que não busca chegar à compreensão se baseando na "experiência vivida", uma espécie de postura psicológico-hermenêutica, mas se baseado em um conhecimento racional do mundo humano, criando os instrumentos metodológicos e conceituais para captar o "sentido da ação". O que é possível conhecer nas ciências sociais? A distinção estabelecida por Wilhelm Windelband entre ciências idiográficas, "orientadas para a determinação da individualidade de determinado fenômeno", e ciências nomotéticas, "orientadas para a construção de um sistema de leis gerais",[31] indica uma resposta que segue dividindo os cientistas sociais. As ciências sócio-históricas deveriam ser nomotéticas, como postula o positivismo, ou deveriam permanecer presas na individualidade

---

[29] Rossi, P. *Introducción. In:* Weber, M. *Ensayos sobre metodología sociológica.* Buenos Aires: Amorrortu Editores, 1993 (1973), sétima reimpressão, p. 16.
[30] Este aspecto é desenvolvido por Manuel Gil Antón, *op. cit.*
[31] Rossi, P. *op. cit.*, p. 14.

e no específico, renunciando às explicações gerais, como postula o historicismo? As relações entre o geral e o particular têm sido apresentadas como opções irreconciliáveis em muitos momentos da história das ciências sociais: "Da lei não podemos chegar por dedução ao acontecimento individual, assim como do acontecimento não podemos chegar à determinação de leis gerais".[32] Assim, "lei e acontecimento permanecem como últimas e incomensuráveis grandezas de nossa representação do mundo".[33] A solução weberiana, como em tantos outros aspectos, acabará por não aceitar a dicotomia anterior, oferecendo uma solução que, sem renunciar ao interesse pelo particular, não se nega a buscar regularidades e leis.

Na proposta weberiana, as ciências naturais e as sócio--históricas não se distinguem entre si pela presença ou ausência do saber nomológico, mas pela "função diversa" desse saber em cada uma: "o que na(s) primeira(s) é o fim da pesquisa, nas segundas, por outro lado, é um momento provisório dela".[34] De modo que, como aponta Weber, "o conhecimento das leis sociais não implica conhecimento da realidade social, mas antes, [é] um dos diversos meios auxiliares que nosso pensamento emprega com esse fim".[35] Em termos de conhecimento, trata-se, então, de chegar às uniformidades dos processos sócio-históricos, a fim de formulá-los como "regras gerais do devir" e, assim, "chegar à explicação dos fenômenos em sua individualidade".[36] O geral

---

[32] Rabotnikoff, N. *Max Weber: desencanto, política y democracia*. México: Instituto de Investigaciones Filosóficas, Universidad Nacional Autónoma de México, 1989, p. 64.
[33] Rossi, P. citado por Rabotnikoff, N. *Op. cit.*, p. 64.
[34] Rossi, P. citado por Rabotnikoff, N. *Op. cit.*, p. 64
[35] Weber, M. *Ensayos sobre metodología sociológica*. Buenos Aires: Amorrortu Editores, 1973, sétima reimpressão, 1993, p. 70. [N. T.: Edição brasileira: *Metodologia das ciências sociais*. Trad. Augustin Wernet. 5. ed. Campinas: Unicamp, 2016.]
[36] *Ibid.*, p. 26

e o particular constituem, portanto, momentos no processo de apreensão da realidade. Marx busca estabelecer as regularidades que expliquem a vida social, mas as considera uma "construção social", razão pela qual entende que sejam criadas pelos homens, assim como as sociedades, que são históricas, mutáveis com o tempo e, o mais importante, passíveis de serem transformadas pela ação humana, colocando-se contra a ideia positivista da existência de leis naturais e imutáveis.

A busca por leis sociais gerais que permitam explicar o devir histórico e os movimentos das sociedades faz parte, em Marx, de um esforço para alcançar, por sua vez, a compreensão e a explicação de processos particulares e concretos nos quais convergem múltiplas determinações. Assim, para utilizar a linguagem proposta por Windelband, o nomotético e o idiográfico estão intimamente ligados na proposta marxista, para a qual não constituem polos que se repelem, mas sim momentos no caminho do conhecimento.

Em resumo, o recurso de conhecer exige passar do conhecimento nomotético ao idiográfico e vice-versa, em rotas abertas de ida e volta. Consequentemente, em contraposição ao que foi destacado anteriormente, lei e fato singular não são polos irredutíveis. Sua imbricação parece constituir um requisito do conhecimento.

Ainda que Marx e Weber sintetizem em seus projetos cognoscitivos o idiográfico e o nomotético, esses conhecimentos têm em ambos um papel diferenciado. Para Weber, trata-se de alcançar o conhecimento de regularidades prováveis, compreensíveis por seus motivos e pelo sentido de seus atores. Essa é a chave da explicação compreensiva, a tarefa distintiva das ciências sócio-históricas.

Nessa tarefa, um caminho é a utilização de tipos ideais. É importante destacar que a noção de tipos ideais "não deve ser confundido com exemplaridade ou dever ser: são ideias em um sentido puramente lógico", e que tampouco é uma "*média* resultante de um acúmulo de observações: se assim fosse, sua origem se encontraria na experiência". É antes "um destaque unilateral de elementos que derivam de nosso interesse cognitivo",[37] a respeito do qual, acrescenta Weber, "a realidade é *medida e comparada* a fim de esclarecer determinados elementos significativos de seu conteúdo empírico", com os quais "construímos conexões que a nossa *fantasia* disciplinada e orientada diante da realidade, *julga* adequadas".[38]

Em resumo, os tipos ideais permitem construir conceitos gerais para compreender processos particulares. "Com efeito, [o] fim da formação de conceitos típico-ideais é em todas as partes obter nítida consciência, não do geral, mas, ao contrário, da *especificidade* de fenômenos culturais".[39] Dessa forma, na proposta weberiana o conhecimento nomotético se encontra subordinado ao conhecimento idiográfico, ainda que se suponha que ambos constituam componentes da prática científica.

A estratégia de transformação da realidade social presente em Marx exige conhecer as regras gerais que regem seus movimentos gerais, mas também desvendar as especificidades de momentos e processos particulares. Dessa perspectiva, se consideramos alguns marcos de suas obras, teríamos que dizer que o prólogo de *Contribuição à crítica da Economia Política* (em que se formula uma visão geral das transformações sociais), *O capital* (em que se analisam as particularidades do capitalismo em um nível elevado de abstração) e *O 18 brumário de Luís Bonaparte* (análise de uma situação his-

---

[37] Gil Antón, M. *Op. cit.*, p. 62-3 (itálico do original).
[38] Weber, M. *Op. cit.*, p. 82 (itálico do original).
[39] *Ibid.*, p. 90 (itálico do original). Em sua obra maior, Weber estabelece distinções entre a sociologia e a história em torno dos conhecimentos gerais e particulares. Assim, ele aponta que "a sociologia constrói conceitos-tipo [...] e se esforça para encontrar regras gerais do acontecer. *Isto em contraposição à história*, que se esforça por alcançar a análise e imputações causais das personalidades, estruturas e ações *individuais* consideradas *culturalmente importantes*". Ver *Economía y sociedad*. México: Fondo de Cultura Económica, 1944, p. 16 (itálico do autor). [N. T.: Edição brasileira: *Economia e sociedade*. Brasília: UNB, 2012]

tórica particular em uma sociedade capitalista) *constituem níveis diferenciados, mas integrados, de um mesmo esforço de conhecimento.*[40]

Aqui temos que o idiográfico está subordinado ao nomotético, não no sentido de que o conhecimento do geral resolve o conhecimento do particular, mas antes que as especificidades deste ganham inteligibilidade em um campo de interpretação geral da atividade unificadora,[41] que definimos como totalidade.

A totalidade e os reducionismos

"O pensamento simplificador é incapaz de conceber a conjunção do uno e do múltiplo (*unitas multiplex*)", observa Morin. E acrescenta que esse pensamento "ou unifica abstratamente anulando a diversidade ou, ao contrário, justapõe a diversidade sem conceber a unidade".[42] De modo sucinto, aqui se encontra formulado um dos problemas mais sérios das ciências sociais: como fazer análises globais, análises da totalidade social, sem subjugar as unidades menores, o micro, o regional, o local, as classes, os indivíduos. E, ao mesmo tempo, como considerar esses elementos na análise, reconstruindo além disso a unidade do diverso, *o mapa em que a dispersão ganha sentido*.

As dificuldades de integrar teórica e metodologicamente esses elementos levam as ciências sociais a duas modalidades de reducionismos (ou de "pensamento simplificador", nas palavras de Morin): uma que assume uma tendência holística e globalizante, um tipo

---

[40] A primeira e a última obra podem ser consultadas em: Marx, K., Engels, F. *Obras escogidas*, três volumes, v. I. Moscou: Editorial Progreso, 1980. Para *O capital*, pode-se consultar a edição da Fondo de Cultura Económica, três volumes, México, 1946. [N. T.: Edições brasileiras: *Contribuição à crítica da Economia Política*. São Paulo: Expressão Popular, 2008; *O capital*: crítica da Economia Política. São Paulo: Boitempo, 2011; e *O 18 brumário de Luís Bonaparte*. São Paulo: Boitempo, 2011.]

[41] Trata-se de conhecer as particularidades das árvores a partir da visão da floresta. O conhecimento da floresta não deve ser um obstáculo para captar a especificidade de cada árvore. Por sua vez, as árvores não nos devem impedir de "ver" a floresta.

[42] Morin, E. *Introducción al pensamiento complejo, op. cit.*, p. 30.

de pensamento que "não vê mais do que o todo";[43] outra que reduz as ciências sociais ao pequeno relato de atores e contextos, ao micro, ao local, em que o que importa é o diverso, o particular, *mas nunca o que integra e organiza o diverso e o particular*. A análise deve ser capaz de explicar o todo, nos ajudando a compreender a totalidade. Esta é uma das exigências mais recorrentes da análise social: os enfoques holísticos são apresentados como uma meta que se deve atingir. Mas nem toda análise holística nos conduz a bons resultados. Há um holismo que acaba obscurecendo mais do que esclarecendo.

A forma predominante sob a qual a globalização é adotada nos meios de comunicação e na academia é talvez o melhor exemplo em nossos dias dessa modalidade de análise.

Em sua utilização mais recorrente, a globalização refere-se a um discurso holístico no qual as partes da totalidade perdem relevância, com o qual desaparece o diverso e o heterogêneo, predominando a homogeneidade. Constrói-se, assim, uma totalidade vazia: o mundo global. A interdependência torna-se a chave das relações no mundo global. Sua fórmula é sintetizada assim: todos (nações, regiões, indivíduos) dependemos de todos, ocultando ou relegando a segundo plano os problemas de hierarquia e dominação.

No mundo globalizado existem grandes movimentações de informação, de ações e de dinheiro. Contudo, não há expropriações nem intercâmbio desigual. Estamos em um mundo em que todas as nações podem tirar vantagem do mercado global. A homogeneidade é o que se destaca. As diferenças só são resultado de quem aproveita ou não essas vantagens. Os processos que deram e continuam dando vida, não ao desenvolvimento unificado do

---

[43] Morin, E. *El método*, v. I, *op. cit.*, p. 144. [N. T.: Edição brasileira: *O método*. Porto Alegre: Editora Sulina, 2017.]

mundo, mas à sua fragmentação, à ruptura e à ampliação das brechas econômicas e sociais entre nações e regiões, em resumo, ao desenvolvimento e ao subdesenvolvimento, a centros e periferias, desaparecem do horizonte de reflexão.

Entretanto, assim como há um holismo que obscurece a análise, também existe uma mistificação do conhecimento parcial, da exaustividade fragmentária, que acaba gerando os mesmos resultados: obscurecer a realidade, ainda que por outros meios. Nesse caso, o estudo do diverso, do singular, é o que importa, apagando da cena *o que organiza o diverso*. Dessa forma, uma recomposição das unidades maiores nunca é possível ou só é possível como realidade-caleidoscópica: peças soltas que constituem tantas unidades quanto as voltas que se dê no instrumento.

Em outra versão dessa tendência, temos uma espécie de recopilação de "fragmentos sociais", com discursos que se recriam ao detalhar exaustivamente algum pedaço da realidade, mas esquecendo de questionar sua posição no todo maior, ou melhor, construindo realidades-mosaicos por meio da soma das peças, mas sem uma visão holística.

O holismo e a análise fragmentada fazem com que o uno e o múltiplo nunca terminem de se conjugar. O que importa é a unidade, a totalidade, dirão alguns (por exemplo: o sistema-mundo, ou a América Latina em seu conjunto), enquanto outros enfatizarão que o que importa é o múltiplo, o diverso, o particular (por exemplo: a Guatemala, uma província da Guatemala, um município ou vila da Guatemala), levando a posições extremas que tendem a indicar uma parte da verdade, mas ao torná-la absoluta a transformam em seu contrário, obscurecendo o que pretendem esclarecer.

A ênfase em um ou outro aspecto leva aos reducionismos que nos impedem de articular o geral e o particular.

Aceitar a totalidade como unidade implica concebê-la como uma unidade contraditória, que organiza e desorganiza, que ordena e desordena. Há ordens que acabam desordenando e desordens que terminam ordenando. As revoluções sociais são o melhor exemplo desse paradoxo. Mas são exemplos extremos. A totalidade social é organizada de maneira cotidiana nessas tensões.

Os movimentos da totalidade a produzem e a reproduzem, promovendo a continuidade, mas nesses mesmos movimentos são forjadas a mudança e a transformação.[44] Em seu estudo, portanto, deve-se ter atenção aos elementos e processos que, transformando-se, permanecem, assim como àqueles que, permanecendo, propiciam processos de ruptura. Ruptura e continuidade são, assim, elementos intrínsecos aos movimentos da totalidade, em luta permanente, em que algum tende a predominar, sem anular seu complemento, em situações históricas específicas.

A totalidade concreta

A lógica do capital constitui uma universalidade que permite dar conta da atividade unificadora que organiza e dá sentido à vida social. No entanto, essa totalidade precisa ser concretizada, assumindo as particularidades na medida em que opera em diversos níveis. Precisa, então, dar conta das partes que a constituem uma totalidade diversa.

Nesse sentido, cabe destacar que o capital e sua lógica se desdobram historicamente como capitalismo, um tecido específico de relações sociais que inicia seu desenvolvimento a partir do século XVI no mundo europeu. O capitalismo tende a assumir a forma de um sistema mundial, como resultado das tensões que o levam a abarcar os mais diversos cantos do planeta. Esse sistema mundial é constituído em uma unidade heterogênea, marcada pela diferenciação que ocorre em seu interior, entre mundos e regiões

---

[44] Isso implica não apenas a transformação *nas* estruturas, como também a transformação *das* estruturas.

imperialistas desenvolvidas e mundos e regiões dependentes e subdesenvolvidas.

Em cada uma dessas particularizações, a lógica do capital assume especificidades, das quais a análise deve dar conta, conseguindo desta forma maior concreção. Em relação à América Latina, é importante responder pelas particularidades não apenas do capitalismo, mas também do capitalismo dependente, como forma particular de capitalismo.[45]

Conclusões

Após a breve revisão de alguns processos que perpassam nossa vida social, parece pertinente indicar que ela se define em sua atividade unificadora pelas tensões que o capital desata em seu desdobramento, como valor que se valoriza. Essa dinâmica é a "iluminação geral na qual se banham todas as cores", o "éter particular que determina o peso específico de todas as formas de existência".[46] Não há campo de pesquisa em que as diversas disciplinas humanas e sociais se ocupam que não sejam coloridas por essa "iluminação geral", nas palavras de Marx. É a partir das atividades unificadoras realizadas pelo capital que essas disciplinas, tão carregadas de fragmentos e parcelas em seus "objetos" de reflexão, podem ganhar em capacidade de explicação e alcançar perspectivas transdisciplinares. Isso não é possível a partir da soma de "fragmentos sociais", o que se encontra implícito no pensamento que coloca a superação da fragmentação ao reunir as partes oferecidas pelos especialistas de diversas disciplinas.

---

[45] Em capítulos desse livro revisamos algumas das contribuições da teoria social latino-americana a respeito do capitalismo dependente.

[46] Marx, K. *Elementos fundamentales para la crítica de la economía política. (Borrador) 1857-1858,* tomo I. México: Siglo XXI Editores, 1971, p. 28.

Referências

BERTALANFFY, Luwdig von. *Teoría general de los sistemas*. México: Fondo de Cultura Económica, 1976.

BLAUG, Mark. *La metodología de la economía*. Madri: Alianza Universidad, 1985.

BLOCH, Marc. *Introducción a la historia*. México: Fondo de Cultura Económica, 1987.

BUNGE, Mario. *Buscar la filosofía en las ciencias sociales*. México: Siglo XXI Editores, 1999.

FRANK, André Gunder. "Funcionalismo y dialéctica", em: *América Latina: subdesarrollo o revolución*. México: Editorial Era, 1969.

GIL ANTÓN, Manuel. *Conocimiento científico y acción social: crítica epistemológica a la concepción de ciencia en Max Weber*. Barcelona: Gedisa Editores, 1997.

KOSÍK, Karel. *Dialéctica de lo concreto*. México: Editorial Grijalbo, 1967.

LUHMANN, Niklas. *Sistemas sociales: lineamientos para una teoría general*. México: Alianza-UIA, 1991.

MARX, Karl. *Elementos fundamentales para la crítica de la economía política (Grundrisse) 1857-1858* [borrador], v. I. México: Siglo XXI Editores, 1971.

MARX, Karl. *El capital* (III v.). México: Fondo de Cultura Económica, 1973 (7ª reimp.).

MARX, Karl. "El 18 brumario de Luis Bonaparte". In: *Obras escogidas de Marx-Engels* (III v.). Moscou: Editorial Progreso, 1980.

MARX, Karl. "El manifiesto comunista". In: *Obras escogidas de Marx-Engels* (III v.). Moscou: Editorial Progreso, 1980.

MARX, Karl. Prefácio da *Contribución a la crítica de la economía política*. In: *Obras escogidas de Marx-Engels*, (III volumes). Moscou: Editorial Progreso, 1980.

MARX, Karl. "La ideología alemana". In: *Obras Escogidas de Marx-Engels* (III v.). Moscou: Editorial Progreso, 1980.

MARX, Karl. "Palabras finales a la segunda edición alemana del primer tomo de *El capital* de 1872". In: *Obras Escogidas de Marx-Engels* (III volumes). Moscou: Editorial Progreso, 1980.

MORIN, Edgar. *El método*, v. I, *La naturaleza de la naturaleza*. Madri: Ediciones Cátedra, 1997.

MORIN, Edgar. *Introducción al pensamiento complejo*. Barcelona: Gedisa Editores, 1998.

PÉREZ SOTO, Carlos. *Desde Hegel: para una crítica radical de las ciencias sociales*. México: Itaca, 2008.

POPPER, K.arl. *La miseria del historicismo*. Madri: Alianza-Taurus, 1973.

POPPER, Karl. *Conjeturas y refutaciones: el desarrollo del conocimiento científico*. Barcelona: Paidós, 1967, 4. reimp., 1994.

RABOTNIKOF, Nora. *Max Weber:* desencanto, política y democracia. México: Instituto de Investigaciones Filosóficas, Unam, 1989.

ROSSI, P. "Introducción". In: *Ensayos sobre metodología sociológica:* Max Weber. Buenos Aires: Amorrortu Editores, 1973.

THERBORN, Göran. *Ciencia, clase y sociedad*: sobre la formación de la sociología y del materialismo histórico. Madri: Siglo XXI Editores, 1980.

WALLERSTEIN, Immanuel. (Coord.). *Abrir las ciencias sociales*. México: Siglo XXI Editores, 1996.

WALLERSTEIN, Immanuel. *El moderno sistema mundial*, v. I. México: Siglo XXI Editores, 1979.

WEBER, Max. *Ensayos sobre metodología sociológica*. Buenos Aires: Amorrortu Editores, 1973.

WEBER, Max. *Economía y sociedad*. México: Fondo de Cultura Económica, 1944.

ZEITLIN, Irving. *Ideología y teoría sociológica*. Buenos Aires: Amorrortu Editores, 1970.

II. DIALÉTICA E NEGATIVIDADE[1]

Introdução

A radicalidade do marxismo não reside apenas na crítica realizada ao capitalismo, revelando os processos e tendências que o caracterizam, as contradições que o atravessam e as razões das crises que gera, que expõem sua historicidade e caducidade enquanto forma de organização da vida em comum. O marxismo é também um pensamento radical porque questiona os fundamentos sobre os quais os saberes da modernidade capitalista são construídos, com particular ênfase nas chamadas ciências sociais e nas ciências humanas. Junto a isso, formulam outros fundamentos que permitem não somente estabelecer outro olhar sobre a realidade, mas definir uma nova realidade e novos sujeitos de conhecimento e de transformação. A seguir, nos deteremos em algumas dimensões desses novos fundamentos.

Negatividade

Toda realidade é sua própria negação. Ao destacar a negação no ser, a lógica hegeliana, que fundamenta o marxismo, permite pensar a realidade como uma entidade em movimento, resultado

---

[1] Tradução de Fabio de Oliveira Maldonado.

de uma força interna. Implica tirar o ser da imobilidade e da inércia em que é concebido – por exemplo, na física newtoniana, na qual somente se colocará em movimento se uma força exterior o privar de seu estado de repouso. Com a negação, podemos afirmar que o movimento e a mudança são inerentes ao ser, um ente que está em permanente processo de *ir sendo* outro de si.

Contudo, a negação também possibilita pensar o ser como uma unidade contraditória, que se enfrenta consigo mesmo, entre forças que impulsionam a permanência e forças que impulsionam a negação do existente e que se projetam ao novo. A negação no ser não é, portanto, a presença de uma simples oposição, algo assim como o *ying* e o *yang*, calor e frio, dia e noite. A negação no ser estabelece uma guerra de morte na qual uma das forças em disputa acaba se impondo. Caso se imponham as forças que pressionam para negar o existente, fazem-no superando as bases do existente e, ao mesmo tempo, recuperando-o e o rearticulando no novo.

Com isso, a ideia do movimento e da mudança constantes se complexificam. Já não se trata de um simples movimento homogêneo ou de passagem evolutiva, por simples acumulação, de um estado ao outro. O que prevalece é o movimento heterogêneo, marcado por saltos e rupturas. Aqui, o movimento e a mudança não se referem a um simples fluir, onde "ninguém se banha duas vezes no mesmo rio",[2] dado o constante fluir do rio. Referem-se, ao contrário, à irrupção do novo como novidade radical. A negação no ser implica questionar os princípios da lógica formal que fundamentam o raciocínio dos saberes modernos, para os quais, se se afirma que algo é (princípio de identidade), não se pode afirmar que esse algo, de maneira simultânea, não é (princípio de contra-

---

[2] Juízo atribuído a Heráclito. Para uma discussão sobre este tema, ver Mondolfo, R. *Heráclito*: textos y problemas de su interpretación. México: Siglo XXI Editores, 1966, cap. II: "El flujo universal y los fragmentos del río".

dição). Para a filosofia subjacente ao marxismo, a lógica formal é demasiadamente pobre para pensar a complexidade do ser.[3]

É a negação no ser que está presente nas afirmações de Marx que indicam que "o *verdadeiro limite* da produção capitalista é *o próprio capital*",[4] isto é, o capital como negação do próprio capital. São seus movimentos e tendências, que buscam reafirmá-lo e reproduzi-lo como tal, que geram crises econômicas no capitalismo, causam a morte de capitais e abrem fissuras para que ele seja revolucionado. O proletariado é a negação social e política criada pelo próprio capital que expressa a contradição e explica a dinâmica da luta de classes na ordem social que o sistema constrói, pois "a burguesia não forjou somente as armas que devem matá-la; produziu também os homens que empunharão essas armas: os operários modernos, os proletários".[5]

Em outros autores, a negação se faz presente quando se aponta, por exemplo, que a civilização é apenas a outra face da barbárie que todo processo civilizatório exige, como afirma Walter Benjamin.[6] Ou quando, a partir da América Latina, a Teoria da Dependência afirma que "o subdesenvolvimento não é senão a outra cara

---

[3] Neste capítulo, somos tributários do livro de Carlos Pérez Soto: *Desde Hegel*: para una crítica radical de las ciencias sociales. México: Ítaca, 2008, cap. IX: "Nada". Para quem busca maior desenvolvimento e profundidade sobre a lógica hegeliana, ver Hegel, G. W. *Ciencia de la lógica*. Madri: Abada Editores/Universidade Autónoma de Madri, 2011. Existe uma versão na Argentina, publicada pela Solar/Hachette, menos rigorosa, segundo os especialistas. [N. T.: edição brasileira: Hegel, G. W. *Ciência da lógica*. São Paulo: Editora Vozes, v. I, II, III.]

[4] Marx, K. *El Capital*, livro III, v. VI. Ciudad de México: Siglo XXI, 1976, p. 321. [N. T.: edição brasileira: *O capital*, livro III. São Paulo: Boitempo, 2017.]

[5] Marx, K., Engels, F. "Manifesto comunista", em: *Obras escogidas*, três volumes. Moscou: Editorial Progreso, 1980, t. I, p. 117. [N. T.: edição brasileira: *O manifesto comunista*, São Paulo: Boitempo, 1998.]

[6] Walter Benjamin afirma da seguinte maneira: "Não existe jamais um documento de cultura que não seja, por sua vez, um documento de barbárie". Em: *Tesis sobre la historia y otros fragmentos*. Trad. Bolívar Echeverría. Ciudad de México: Editorial Contrahistorias, 2005, p. 60. [N. T.: edição brasileira: *Sobre o conceito de história*. São Paulo: Alameda, 2020.]

do desenvolvimento", como parte do processo de constituição do capitalismo enquanto sistema mundial.[7] Parte substancial da radicalidade do marxismo como teoria e práxis é atravessada pela negação.

Relações sociais e coisas

O pensamento moderno é um pensamento sobre as coisas. As ciências sociais construídas a partir dessa perspectiva não podem se abstrair desse fundamento. Isso se deve ao cunho empirista e experimental que tende a caracterizar esse pensamento e as ciências sociais que acaba abarcando, as quais fazem das coisas seu objeto de observação e de experimentação.

Contudo, pensemos em um produto qualquer, como uma cadeira, para evidenciar as limitações de uma reflexão que pensa *nas* e *a partir das* coisas. Prontamente poderíamos dizer que uma cadeira serve para se sentar e que pode ser produzida com diversos materiais, como madeira, metais, plástico etc. Essa e outras afirmações similares nos dizem muito sobre a cadeira. Entretanto, existem inúmeras questões que são excluídas da reflexão se só pensamos na cadeira como uma coisa.

Poderíamos nos perguntar quem produz a cadeira. Poderia muito bem ser um indivíduo qualquer que, com algumas ferramentas básicas e um pouco de madeira, a produzisse para resolver a necessidade de se sentar à mesa de sua casa. Temos aqui um produtor que produz para o autoconsumo. No entanto, a cadeira também poderia ser produzida por um artesão para trocá-la por

---

[7] André Gunder Frank coloca assim: "[...] o subdesenvolvimento contemporâneo é [...] o produto histórico da economia passada e atual, e de outras relações entre os satélites subdesenvolvidos e os atuais países metropolitanos desenvolvidos. E mais, essas relações são parte essencial da estrutura e do desenvolvimento do sistema capitalista em escala mundial em conjunto". Em: *América Latina: subdesarrollo o revolución*. Ciudad de México: Editorial Era, 1973, p. 22 (itálico do autor).

outros produtos que lhe fossem necessários, como sapatos, roupas ou alimentos. Para que essa modalidade seja viável, exige-se uma divisão do trabalho em que se produza uma grande variedade de produtos e que permita que quem precise de cadeiras tenha os produtos necessários para o produtor de cadeiras.

Para efeito do que nos interessa destacar aqui, vamos partir do pressuposto de que o artesão produz cadeiras para vendê-las no mercado. Uma vez vendidas, o dinheiro recebido deve possibilitar que ele recupere o valor dos materiais utilizados, e ainda deve sobrar algo para ser usado na aquisição de outros bens necessários, como alimentos, vestuário, habitação, remédios etc.

A primeira coisa que se destaca aqui é que, para que alguém produza cadeiras e se proponha a vendê-las, é necessário que haja outros indivíduos na sociedade com dinheiro disponível para comprar cadeiras e que, portanto, não as produzam.

Contudo, vender a cadeira implica a existência de outras relações sociais. Nesse caso, a cadeira não apenas vale por sua utilidade de assento, mas por algo mais: o preço com que será vendida, no qual está em jogo a possibilidade de o artesão recuperar o gasto que teve para produzi-la e utilizar o valor extra para se alimentar, vestir-se e para as demais demandas que giram em torno de sua sobrevivência.

Em poucas palavras, a venda da cadeira e a sobrevivência do artesão dependerão dos trabalhos de diversos produtores de cadeiras, que também devem levar seus produtos ao mercado. Vender cadeiras é, então, um tema social marcado pelo valor ou preço com que outros produtores venderão e, mais profundamente, pelas horas de trabalho necessárias para a produção, pressupondo cadeiras similares. O artesão que produz apenas suas cadeiras enfrenta, desse modo, a realidade de inúmeras relações sociais, como as relações com outros artesãos – que, ainda que não sejam físicas, são reais em termos de que o trabalho conjunto dos produtores de cadeiras incidirá no valor e no preço das cadeiras, ou de que existem indivíduos na sociedade que não apenas precisam de cadeiras, mas que contam com dinheiro disponível para adquiri-las, já que somente as vendendo (e não as doando) é que o artesão pode voltar a produzir cadeiras e resolver suas necessidades.

Entretanto, o produtor de cadeiras pode ser também um trabalhador que vive de um salário e que trabalha numa grande ou pequena oficina. Nesse caso, a cadeira será produzida numa relação entre alguém que tem máquinas, ferramentas, materiais para produzir cadeiras, um local e dinheiro para pagar salários; e alguém que não conta com terra nem ferramentas, máquinas, materiais ou local para produzir cadeiras e que vende sua capacidade de trabalho para receber uma massa de dinheiro-salário que lhe permita sua subsistência, bem como a de sua família.

Nesse caso, para produzir as cadeiras o trabalhador teve que estabelecer uma relação social por um salário. Porém, uma vez produzidas, as cadeiras não estarão em sua posse, mas nas mãos de quem comprou sua força de trabalho. A cadeira irá ao mercado e o produtor pouco ou nada saberá o que ocorre com ela, quem a adquire ou por quanto foi vendida.

Ao trabalhador, produzir cadeiras não passa de uma questão marcada pelo imperativo de receber um salário. Assim, um dia após o outro, o produtor manterá e renovará essa relação social por toda sua vida de trabalho, como todos que trabalham sob as mesmas condições. No outro extremo dessa relação, é possível que quem o contrate por um salário renove cotidianamente essa relação social de comprar capacidades de trabalho, amplie a oficina, introduza novas máquinas e acumule dinheiro, assim como quem compra as capacidades de trabalho para produzir as mais distintas coisas.

Não é difícil perceber que as relações sociais nas quais as cadeiras são produzidas são as que definem não apenas a sorte das cadeiras, como também a sorte social dos produtores e não produtores, sob condições muito diferentes. *Explicar essas relações sociais e suas consequências nos diz muito*, não apenas sobre as cadeiras, mas *sobre a organização* operada na sociedade.

Para o marxismo, a reflexão deve dar conta das relações sociais prevalecentes numa sociedade e, somente a partir daí, explicar as coisas nas quais essas relações tomam forma. A própria sociedade é entendida como um tecido de relações sociais, e nesse tecido é que as coisas fazem sentido, sejam elas máquinas, ferramentas, televisores, satélites ou canhões, ricos ou pobres, mansões ou cortiços, bairros ricos ou favelas.

Pensamento reducionista

O pensamento moderno é reducionista em uma dupla dimensão. Em primeiro lugar, porque busca chegar naquelas unidades que não são factíveis de divisão, as partes que não têm partes (átomos, em sentido estrito), pois supõe que só a partir daí seja possível, *por agrupamento*, explicar as entidades ou as coisas maiores. A xícara como um agrupamento de átomos; a planta como agrupamento de células; a sociedade como um agrupamento de indivíduos. Isso implica que, num sentido forte, somente as unidades sem partes sejam as que têm consistência real. Os corpos maiores estão aí, têm alguma consistência, mas no fim são apenas agrupamentos das partes sem partes. O peso das coisas e a incapacidade de captar as relações se fazem presentes também no reducionismo, que implica romper e destruir para alcançar as unidades sem parte.

Nas ciências sociais, o reducionismo implicou erigir o indivíduo como a célula da vida social, originando o que se denomina *individualismo metodológico*. Essa corrente assume que só o indivíduo, em sentido estrito, tem existência real e que a sociedade não é nada mais do que o nome de uma entidade que junta os indivíduos, sem consistência própria. Conhecendo o indivíduo, pode-se estabelecer generalizações para algo chamado sociedade.

O reducionismo do pensamento moderno também está presente na conformação das chamadas ciências sociais. O pressuposto de fundo é que existem problemas – ou fatos – autônomos ou puramente econômicos, políticos, sociológicos etc., o que, por sua vez, justifica a conformação de disciplinas autônomas, com objetos particulares, metodologias e técnicas específicas para abordá-los.[8] A própria experiência foi deixando claras as limitações das disciplinas, assim concebidas, para abordar o estudo de fenômenos sociais diversos. O caminho para resolver esse problema, na perspectiva reducionista, foi juntar disciplinas, abrindo caminho aos estudos interdisciplinares, multidisciplinares ou com outros nomes. Assim, em vez de resolvidos, os problemas foram multiplicados. Isso porque as disciplinas foram construídas com o pressuposto de problemas autônomos, cada qual com seus corpos epistêmicos e teóricos, de sorte que não estão abertas para dialogar, muito menos para compreender os problemas e linguagens de outras disciplinas. O que se extrai desses exercícios multidisciplinares não é nada mais do que um discurso em que cada disciplina diz algo, a partir de sua trincheira, sem possibilidades de unificação real, levando a conclusões em que prevalece a simples somatória de visões disciplinares.

Para o marxismo, a sociedade é uma unidade diferenciada, com dimensões econômicas, políticas, sociológicas etc., que são tão somente isto: dimensões de uma unidade. Isso implica tomar a sociedade como uma entidade real, com vida própria, marcada por um tecido hierarquizado de relações sociais que a conformam.

---

[8] Para uma breve, mas importante exposição do surgimento das ciências humanas e sociais, ver Wallerstein, I. (coord.) *Abrir las ciencias sociales*. Ciudad de México: Siglo XXI Editores, 1996.

E é justamente para explicar essa unidade e seus desdobramentos históricos que faz sentido caminhar em direção às diversas dimensões que essa unidade apresenta, sejam elas econômicas, políticas, sociológicas, a fim de compreender seu peso na articulação da sociedade, na qualidade de unidade diferenciada, em contextos históricos específicos.[9] Isso implica uma crítica radical à perspectiva disciplinar que os saberes modernos apresentam. E, mais a fundo, uma crítica ao desenvolvimento desses saberes disciplinares dando as costas à filosofia e à lógica ontológica, que se propõem interrogantes fundamentais do ser.

Tudo o que foi dito anteriormente não significa desconhecer a relevância da especialização, mas simplesmente saber situar esses problemas em outro contexto e com sentidos distintos dos vigentes. Especializar-se em uma parte de um mural, mas desconhecendo o mural, não é a mesma coisa que especializar-se conhecendo o mural (ou a floresta) e entender o lugar e o sentido da parte em seu contexto (agora, conhecendo as árvores).[10]

O indivíduo como ponto de partida

O fundamento de pensar em coisas e o reducionismo vigente levam diversas disciplinas sociais a privilegiar o indivíduo como ponto de partida para suas elaborações. O indivíduo cumpre com todos os requisitos da empiria prevalecente nas coisas e da possibilidade de experimentação. Porém, além disso, a coisa-indivíduo fala, tem desejos, pode opinar, lembrar etc., o que o torna uma fonte inesgotável de consultas e opiniões, quantificações ou qualificações diferentes nas diversas disciplinas. Mas, primeiramente, o indivíduo se constitui em sociedade, o que implica que a indi-

---

[9] Ver o capítulo VII de "A ruptura entre economia e política no mundo do capital".
[10] Dissemos que é possível conhecer *o todo*, sem necessidade de conhecer *tudo*. Ver o capítulo I deste livro.

vidualização não é possível fora do quadro de relações sociais que chamamos sociedade. É nesse quadro que se constituíram a ideia e a noção de indivíduo. Entender essas relações sociais é imprescindível para entender o indivíduo existente.

Em segundo lugar, se quisermos compreender o comportamento social dos indivíduos, o porquê de decidirem isto ou aquilo, as famosas "opções racionais" que farão para obter o máximo de benefícios (viajar ou não viajar, ir ao Caribe ou às "praias" que os programas sociais constroem ao redor de uma piscina em bairros populares, estudar em colégios privados ou públicos, comer em restaurantes ou em mercados populares, viver em tais ou quais regiões da cidade, o que consumir e o que não consumir etc.), não há outra maneira a não ser conhecer, primeiro, as relações sociais nas quais os indivíduos estão inseridos e, a partir daí, explicar as decisões e opções sociais que fazem.

Se no seio das relações sociais existem indivíduos que vivem como assalariados, com um rendimento equivalente ao salário médio de um trabalhador, seu campo de opções em termos de educação, diversão, moradia, saúde etc. será radicalmente distinto do de outros indivíduos, que vivem em relações que lhes possibilitam receber regularmente um valor não pago (mais-valor) sob forma de dinheiro, ou de burocratas que ocupam altas posições no aparelho de Estado e que obtêm elevados salários. O ponto de partida para compreender as ações sociais não pode ser, portanto, o indivíduo, mas as relações sociais, para a partir daí chegar ao indivíduo e ser capaz de explicar o porquê de suas opções e de suas possíveis decisões.

O sujeito como problema

É pertinente apontar algumas ideias sobre como a tendência reducionista que prevalece nos saberes modernos tem sérias consequências na concepção do sujeito que esses saberes constroem.

Quando se diz que os conhecimentos devem ser *objetivos*, inadvertidamente já nos estão assinalando que, em termos de conhecimento, o que tem preeminência é o objeto, e que o sujeito cumpre um papel passivo: só deve dizer o que o objeto apresenta. Por outro lado, sustenta-se que o sujeito é um sujeito de razão. Isso significaria dizer que a razão só deve permitir decifrar o que o objeto apresenta ou o que deve ser rompido e aberto no objeto para que seja possível chegar à "parte sem partes", aquela unidade básica que por agrupamento permite a conformação de todas as demais coisas. De forma recorrente, também é apontado que os cientistas devem deixar de lado suas paixões, desejos, vontades na análise dos problemas com que se ocupam, prevalecendo apenas a razão, do contrário seus resultados estariam "contaminados" por esses elementos.

Junto à preeminência do objeto, o que foi dito é que, segundo o saber moderno, o sujeito é um verdadeiro problema, cheio de desejos, paixões e vontades, e que a forma de consertá-lo é desmembrar o sujeito, arrancando paixões, desejos e vontades, permitindo que nele opere somente a razão, como se tal coisa fosse possível. Assim, os saberes modernos precisam desarticular o sujeito, supondo que tudo o que não seja razão possa ser colocado debaixo do tapete. Entretanto, a própria razão é atraente, deseja, expressa vontade, pois tudo isso e muito mais coisas (o inconsciente, por exemplo) constituem a unidade do sujeito.

Por outro lado, sempre que nos saberes modernos se fala de sujeito, por sujeito este se refere ao indivíduo. Mas o sujeito é uma entidade descentrada, no sentido de que está determinado pelas relações sociais nas quais se desenvolve.[11] Segundo o marxismo, o

---

[11] Determinar é fixar os limites do possível, onde *muitas coisas podem acontecer*, mas *não qualquer coisa*. Não se deve confundir, como de costume, com determinismo, no qual existe uma – e somente uma – possibilidade. Ver Pérez Soto, C. *Desde Hegel...*, op. cit., p. 126.

sujeito é uma entidade transindividual, com vontade. Uma de suas expressões fundamentais são as classes sociais, não quaisquer classes sociais, mas aquelas que, em determinadas condições históricas, encarnam a possibilidade de romper com os limites do estabelecido e dar passos para a formação de uma nova ordem social, ou que encarnam a perpetuação da ordem social existente.

Concepções do conhecimento

A ingenuidade do empirismo: transparência da realidade social

A ideia do conhecimento é determinada pela concepção sobre o que se deve entender por realidade social. Com o objetivo de exemplificar a afirmação anterior, tomemos como exemplo duas visões que se encontram nos extremos de uma proposta que assume que é possível conhecer. Para o empirismo (com pontos em comum com uma perspectiva do positivismo), a realidade social é aquilo que é imediatamente dado e que percebemos com nossos sentidos. A realidade social aparece-nos tal como ela é. Por isso, o grito de guerra de todo empirismo é "ir à realidade" para conhecê-la, o que significa, por exemplo, que se o objetivo é saber o que é uma população de excluídos, marginalizados ou de indigentes, deve-se ir aonde vivem e andar pelas ruas, visitar moradias, descobrir o que comem, conversar ou entrevistar os moradores etc. Nada disso está errado se for realizado como parte de um trabalho que deve, necessariamente, incluir o conhecimento de teorias que expliquem os processos que geram populações excedentes no capitalismo.

A ingenuidade empirista radica em supor, primeiramente, que podemos conhecer a realidade social por simples observações; e, em segundo lugar, em assumir que a realidade social está pronta para ser conhecida por essas simples observações. Nesse caso, os cientistas sociais não seriam necessários para explicar a vida em sociedade. Bastaria apenas bons observadores e fotógrafos. Há pessoas que, por sua própria atividade de trabalho, veem muitas coisas no dia a dia, como um taxista. É claro que se ganha em ver. No entanto, conhecer os processos que subjazem essas muitas coisas requer teorização, corpos conceituais que organizem o pântano ou desembaracem a meada e permitam que ela seja enrolada de uma maneira ordenada.

Para tal visão, não há diferença entre a aparência e as determinações que estejam além do imediatamente perceptível. E essa distinção é básica, pois a realidade social não é transparente nem diáfana. Ela é mais o que oculta do que o que deixa perceber, e aquilo que é oferecido de imediato à visão são, em geral, percepções enganosas e distorcidas.

A opacidade da realidade social para o marxismo e as ficções reais

Para o marxismo, a realidade social nos é apresentada de maneira distorcida e é tida mais pelo que oculta do que pelo que revela. Isso é resultado da fetichização vigente na vida em comum no capitalismo, sendo a opacidade o que prevalece. Isso tem como pano de fundo a presença de um mundo social onde, para os interesses dominantes, a exploração e a dominação de classes devem ser ocultadas. Esse é um problema que só é apresentado à burguesia como classe dominante, já que ela chega à história com a promessa civilizatória de construir um mundo de homens livres e iguais, o que exige que a exploração e a dominação sejam desvirtuadas. Esses problemas não são apresentados aos senhores de escravos ou aos senhores feudais, que exploram e dominam sem ter que ocultar esses processos.

Contudo, no mundo capitalista não se trata apenas de ocultar a exploração e a dominação, mas de recriar um mundo de homens livres e iguais. Temos um duplo processo, ocultar as relações sociais e recriar uma nova realidade social, que em termos de conhecimento propõe descontruir o que foi recriado e revelar o que foi ocultado. Aquilo que é ocultado desaparece de nosso campo de visão e o que se torna visível são franjas da realidade que distorcem os processos e realizam essa recriação. Dessa forma, nos movemos num mundo de *ficções reais*. Ficções, pois nos movemos numa realidade distorcida. Reais, porém, porque a recriação que se torna visível para nós ganha consistência e nos estimula a organizar a interpretação do mundo social e de nossas práticas sociais de acordo com elas.

Todos os dias vemos que o Sol nasce no Leste e se move para o Oeste. É o que vemos e o que milhões de pessoas veem. É o Sol que se move em torno da terra e, com isso, dias e noites são gerados. Contudo, isso nada mais é do que uma distorção do que acontece, pois é a Terra que se move e gira em torno do Sol, gerando estações, como o verão e o inverno e, por sua vez, a terra gira em torno do seu próprio eixo, gerando dias e noites. Mas não podemos avaliar nenhum desses movimentos por meio da simples percepção, e muito menos explicá-los sem algumas informações e teorias que nos orientem.

Conclusão

Não existe uma forma de pensar e refletir sobre a vida social sem os pressupostos filosóficos que subjazem toda teoria, sua concepção de realidade, o que é conhecimento, o que é o sujeito, por que disciplinas etc. O que deve chamar a nossa atenção é o crescente desinteresse dos saberes modernos em discutir os pressupostos filosóficos sobre os quais constroem seus conhecimentos. Nesse sentido, são encontradas razões relevantes no fato de que esses saberes estão estreitamente imbricados com os projetos burgueses de construção da vida em comum, que são sustentados por processos de dominação e de exploração. Isso limita a confiança na razão que parecia prevalecer no início do Iluminismo e acentua a brecha entre ciência e filosofia.

Assim, não é por acaso o rebaixamento do estudo da filosofia na formação de cientistas sociais e a implementação – no máximo – de cursos de metodologia que se restringem a questões de técnicas de pesquisa, e não à discussão de problemas epistêmicos, muito menos filosóficos. A partir de uma postura radicalmente distinta, parece imprescindível colocar sobre a mesa os fundamentos filosóficos com os quais se trabalha e se reflete.

Referências

BENJAMIN, Walter. *Tesis sobre la historia y otros fragmentos*. México: Editorial Contrahistorias, 2005.

FRANK, André Gunder. *América Latina: subdesarrollo o revolución*. México: Editorial Era, 1973.

HEGEL, G. W. *Ciencia de la lógica*. Madri: Abada Editores/Universidade Autônoma de Madri, 2011.

MARX, Karl. *El capital*. Cidade do México: Siglo XXI Editores, 1976.

MARX, Karl; ENGELS, F. "Manifiesto del Partido Comunista". In: *Obras Escogidas*, três volumes. Moscou: Editorial Progreso, 1980, v. 1.

MONDOLFO, Rodolfo. *Heráclito*: textos y problemas de su interpretación. México: Siglo XXI Editores, 1966.

OSORIO, Jaime. "El megarrelato posmoderno". In: *Crítica y Emancipación*, n. 2. Buenos Aires: Clacso, primeiro semestre, 2009.

OSORIO, Jaime. *Estado, biopoder, exclusión*: análisis desde la lógica del capital. Barcelona: Editorial Anthropos/UAM, 2012.

PÉREZ SOTO, Carlos. *Desde Hegel*: para una crítica radical de las ciencias sociales. México: Itaca, 2008.

WALLERSTEIN, Immanuel (coord.). *Abrir las ciencias sociales*. Cidade do México: Siglo XXI Editores, 1996.

III. NÍVEIS DE ANÁLISE, TEMPO E ESPAÇO: TRÊS DIMENSÕES PARA RECONSTRUIR A REALIDADE SOCIAL[1]

A REALIDADE SOCIAL DEVE SER PENSADA COMO UMA totalidade complexa que, para ser conhecida, precisa ser desestruturada. Com razão, indicou-se que "o traço mais característico do conhecimento consiste na decomposição do todo".[2] Essa decomposição, no entanto, deve ser entendida como um passo, nunca como um ponto de chegada, já que "o simples não é nada mais do que um momento arbitrário da abstração, um meio de manipulação arrancado da complexidade",[3] de modo que ao final deve-se buscar a integração, a estruturação, a fim de alcançar uma unidade interpretativa completa, a "síntese de múltiplas determinações",[4] nas palavras de Marx.

---

[1] Tradução de Fabio de Oliveira Maldonado.
[2] Kosík, K. *Dialéctica de lo concreto*. Ciudad de México: Grijalbo, 1967, p. 30. [N. T.: ed. bras. cit.]
[3] Morin, E. *El método*, t. I. Madri: Cátedra, 1997, p. 178. [N. T.: edição brasileira: *O método 1: a natureza da natureza*. Porto Alegre: Sulina, 2003]
[4] "O concreto é concreto porque é a síntese de múltiplas determinações, portanto, unidade da diversidade." Marx, K. *Elementos fundamentales para la crítica de la Economía Política, 1857-1858 (borrador)*, t. I, 1971, p. 21. [N. T.: edição brasileira: *Contribuição para a crítica da Economia Política*. São Paulo: Expressão Popular, 2008]

Gráfico 1. Dimensões da realidade social

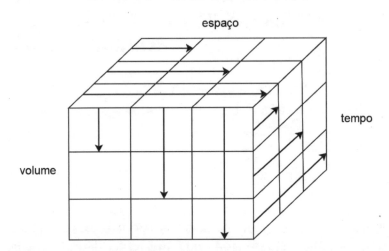

A partir de quais variáveis ou de quais elementos se deve realizar a desarticulação da totalidade? Há três dimensões fundamentais para realizar esse processo a partir da perspectiva que preocupa as ciências sociais: os níveis de análises, o tempo e o espaço. Cada uma nos remete a problemas específicos. Por sua vez, cada um deles exige categorias particulares. Isso pode se expressar conforme demonstra o gráfico anterior.

De modo esquemático, podemos distinguir em cada dimensão três níveis, como vemos na tabela seguinte:

Tabela 1. Dimensões e níveis de análise

Níveis de análise	Dimensão temporal	Dimensão espacial
Do abstrato	tempo longo	macrorregional
	tempo médio	regional
Ao concreto	tempo curto	local

Passemos à análise de cada uma dessas dimensões e seus componentes.

Níveis de análise

Os níveis de análise são a dimensão mais relevante no que tange aos processos e dimensões que permitem apreender a realidade. Eles se referem, em primeiro lugar, aos processos de abstração e de concreção presentes na reflexão. Em nossa percepção imediata, a realidade aparece como uma entidade concreta, mas com uma representação caótica. Concreta no sentido de que nossas percepções nos mostram que a realidade está aí. Caótica, no entanto, porque não são visíveis para nós os processos e as tendências que a organizam e lhe dão sentido.

Aqueles que parecem operar nessa última direção apontam para formulações que não consideram a historicidade dos processos e que são próprias de um certo senso comum, como os comentários que indicam que os seres humanos são egoístas ou corruptos, sendo por isso que a situação social ocorre de uma determinada maneira. "Se a aparência fenomênica e a essência das coisas coincidissem totalmente, a ciência e a filosofia seriam supérfluas", observava Karel Kosík.[5] O papel do conhecimento, sob essa perspectiva, é superar o imediato para alcançar o que não está visível, pois o imediatamente dado geralmente opera de maneira distorcida. Se nos ativermos ao que vemos, é o Sol que se move ao redor da Terra. Contudo, o conhecimento nos indica que, para além dessa percepção, daquilo que enxergamos, é a Terra que gira em torno do Sol.

Os erros do empirismo se baseiam, em grande medida, em dar por certo que o que os sentidos nos indicam é adequado para se conhecer a realidade. O exemplo anterior é uma boa refutação de tal pressuposto.

---

[5] Kosík, K. *Dialéctica de lo concreto*. Ciudad de México: Grijalbo, 1967, p. 29. [N. T.: Kosík refere-se aqui a Marx, quando este aponta que "toda a ciência seria inútil se a forma de manifestação das coisas e a essência delas coincidissem diretamente". *El capital*, v. III, 1973, p. 757.]

Para chegar à compreensão da vida social, não existe outro caminho a não ser a abstração, isto é, separar os elementos simples, mas que são considerados fundamentais no tecido que organiza e dá sentido à realidade social, com o fim de analisá-los e, a partir deles, começar a articular uma explicação desse tecido e do sentido dessa realidade social. A análise em si exigirá a integração de novos elementos e novos processos, o que dará forma – quanto mais se complexifique o processo, ainda que de maneira articulada e hierarquizada – a uma realidade cada vez mais concreta, já não mais caótica, mas explicada e destrinchada em seus processos e tendências.

Não há forma de se explicar um fenômeno a partir das ciências sociais a não ser passando pelos processos de abstração, que nos permitem reconstruir realidades em que seja possível decifrar a dinâmica que as movimenta em determinadas direções e com determinadas consequências. O resultado será um concreto explicativo enquanto síntese de múltiplas determinações, como diz Marx.[6] Esse é o caminho que Marx seguiu não somente na investigação, mas também na própria exposição, n'*O capital*, ao começar pela mercadoria, "a forma elementar da riqueza nas sociedades em que o modo de produção capitalista domina".[7] E a partir daí vai acrescentando novos elementos simples que vão complexificando (e concretizando) o capital tal como valor, valor de uso, valor de troca, trabalho, força de trabalho, mais-valor etc., para mencionar apenas alguns conceitos do primeiro volume d'*O capital*. Das dimensões mais abstratas às mais concretas, o marxismo nos permite distinguir os seguintes níveis

---

[6] "O concreto é o concreto porque é a síntese de múltiplas determinações, portanto, unidade do diverso." Marx, K. *Elementos fundamentales para la crítica de la economía política (borrador) 1857-1858*. Ciudad de México: Siglo XXI, 1971, t. I, p. 21. (Obra também conhecida como *Gundrisse*.)

[7] Marx, K. *El capital*. Ciudad de México: Siglo XXI: 1975, t. I, v. I, p. 43.

de análise: modo de produção capitalista, sistema mundial, padrão de reprodução do capital, formação econômico-social e conjuntura.

Na qualidade de componentes de um sistema conceitual integrado e inter-relacionado, os níveis de análise mais concretos se alimentam dos processos, tendências e noções dos níveis mais abstratos. Contudo, na medida em que têm consistências particulares, devem recriar noções e conceitos adequados para dar conta da particularidade analítica à qual se referem. Não podem se conformar em apenas repetir as noções e conceitos dos níveis de maior abstração. Entretanto, ao darem conta das particularidades, os níveis mais concretos possibilitam alimentar e redefinir as reflexões mais gerais ou abstratas, o que nos faz deparar com um corpo teórico que em todos os níveis está em permanente recriação.

Todo problema de pesquisa se situa nos níveis de análise e de abstração apontados. Portanto, isso requer que nos movimentemos teoricamente segundo as exigências de cada nível.

Reconstrução dos objetos de análise: as classes sociais

A complexidade da realidade social supõe a compreensão de que existe uma imbricação entre o nível mais concreto e o mais abstrato, provocando movimentos e processos que vão de um polo ao outro. Tais níveis se condicionam mutuamente e se retroalimentam, razão pela qual ao final da análise devemos chegar a compreendê-los (em especial o nível da análise no qual nos movemos e refletimos), sempre inscritos na unidade que os constitui. Contudo, essa inter-relação permanente não pode nos fazer esquecer que cada nível de análise tem sua lógica própria, suas regularidades, reconstrói os objetos de análise e, portanto, requer suas próprias categorias teóricas, metodológicas e instrumentos técnicos de coleta de informação.

No nível mais abstrato, por exemplo, podemos ver que, em determinado momento histórico definido como capitalismo, os homens organizam a reprodução material da sociedade a partir do fato de que uns são donos da terra, outros são donos de fábricas e matérias-primas, e outros são apenas donos de sua força de trabalho como elemento central para acessar os bens para se alimentarem e reproduzirem. Assim, temos, *nesse nível*, três grandes grupos sociais: os latifundiários, os burgueses e os operários, grupos humanos que solucionam sua reprodução social com base na apropriação da renda, do mais-valor e do salário, respectivamente. Essas são as classes sociais consideradas por Marx na análise realizada em *O capital*.[8]

Em níveis mais concretos, teríamos que situar o dono de uma pequena papelaria, na qual ele e sua família trabalham, em algum dos três grupos indicados, e em todos teríamos dificuldade para classificá-lo. Não é dono de terra nem vive de renda, portanto não é latifundiário. É dono de uma papelaria, mas não contrata trabalhadores, de modo que não vive de mais-valor (o valor extra expresso em dinheiro); assim, tampouco é burguês. Por último, vive de seu trabalho, o que o assemelha aos operários, mas tem algo mais do que sua força de trabalho, característica destes últimos, já que possui uma pequena papelaria, de modo que tampouco se encaixa satisfatoriamente aí.

Em poucas palavras, os processos, no nível mais abstrato, que explicam a organização material da sociedade e dos grupos sociais que daí derivam oferecem as pinceladas centrais, mas não resolvem os matizes de como se desenrola a organização social capitalista em níveis mais concretos e em situações espaciais e temporais mais específicas. É no nível da formação social – que se refere à maneira como os processos se organizam em um espaço geográfico, econô-

---

[8] Marx, K. *El capital*. Ciudad de México: Siglo XXI, t. III, cap. LII.

mico, social, político e cultural determinado (que, para economizar tinta, podemos identificar como Estados nacionais) e em temporalidades particulares – que poderemos começar a nos encontrar com elementos e coordenadas que nos permitam construir e situar um lugar específico para o proprietário da pequena papelaria. É aqui que é possível localizar a pequena burguesia.[9] Teoricamente, então, os corpos teóricos mais abstratos nos dão as chaves para entender a organização produtiva de uma formação econômico-social, mas não resolvem os dilemas que ali se apresentam.

Na superfície, em suma, o conceito de classes sociais mais abstrato não é suficiente. São requeridas derivações e construções teóricas que permitam dar conta de outras classes (como a pequena burguesia e o campesinato), de frações de classes (cortes verticais dentro das classes, como as frações comercial, industrial, agrária e financeira da burguesia) e de setores ou estratos (cortes horizontais nas classes e frações, como a grande ou média burguesia comercial).

Em níveis mais concretos, é preciso uma análise como a realizada por Marx em *O 18 de brumário de Luís Bonaparte*, muito mais matizada do que a que foi realizada em *O capital* ou no *Manifesto comunista*,[10] já que na primeira obra o autor estuda a França num momento particular do século XIX, e não formula uma teoria geral do capitalismo (como ocorre na segunda obra) ou uma teoria da história (como acontece na terceira).[11] Junto à construção teórica de novas categorias, como as de frações de classes,

---

[9] Poulantzas, N. *Las clases sociales en el capitalismo actual*. Madri: Siglo XXI, 1976. [N. T.: ed. bras.]
[10] Ver o primeiro e o último texto em: Marx, K., Engels, F. *Obras escogidas*, 3 tomos. Moscou: Progresso, 1980, t. I.
[11] Muito se escreveu em relação às diferenças na reflexão sobre as classes sociais nessas obras, sem entender que elas devem ser situadas em distintos níveis de análise (ou abstração), e não que são reformulações realizadas por Marx em relação ao mesmo tema.

setores e estratos, consciência de classe, força social, entre outras, cada nível necessita de ferramentas específicas também nos campos metodológico e instrumental. A pesquisa de opinião pode ser um bom instrumento na condução de níveis mais concretos, para conhecer, por exemplo, como a população se percebe em diversos temas. Contudo, a pesquisa não é um bom instrumento para determinar, em níveis mais abstratos, a organização dos grupos chamados classes sociais e suas frações ou setores. São necessários outros recursos, como censos demográficos, censos industriais e outros, que indicam dados sobre a população economicamente ativa, emprego, desemprego, subemprego, atividades econômicas, proprietários, tipos de propriedade, quantidade e modalidades de rendimentos, horas de trabalho, entre outros.

Se, na conjuntura em que é necessário pescar sardinhas, vamos com uma rede própria para caçar baleias (adequadas para níveis mais abstratos), seguramente as sardinhas nos escaparão e alcançaremos apenas as baleias. Isso é o que ocorre em muitas análises que, visando explicar processos mais concretos, começam e terminam empregando categorias e metodologias de níveis que não correspondem à particularidade da análise, e assim se perde o particular do processo ou do fenômeno que se busca explicar.

Sendo assim, as noções que permitem ordenar o caos da superfície ou questionar a ordem que apresenta, partindo de níveis abstratos, apenas são úteis *com a condição de que sejam recriadas e reconstruídas* e se ajustem ao nível no qual se realiza a análise. Do contrário, o ordenamento oferecido será pobre e grosseiro e apresentará perigos analíticos, tanto quanto explorar a superfície sem nenhuma bússola conceitual, como agrada às correntes mais empiristas. O mais certo é que nos perderemos se caminharmos sem mapas cognitivos, assim como se procedermos com referências demasiado gerais para a particularidade dos problemas que devem ser alcançados.

A dimensão temporal: concepções do tempo e periodização

O tempo social

A realidade social é uma unidade de diferentes tempos sociais. Há processos que se desenvolvem e operam em curto prazo, outros que só adquirem sentido e suas verdadeiras dimensões em longo prazo.

A noção de tempo social é distinta da de tempo cronológico. Este é linear, contínuo, homogêneo, e o percebemos mediante unidades conhecidas: segundos, minutos, horas, dias, semanas, meses, anos, séculos. O relógio e o calendário são seus instrumentos de medida. O tempo social, ao contrário, é diferenciado, heterogêneo, descontínuo.[12] *Se dilata e se condensa*. Há momentos sociais em que o tempo parece transcorrer lentamente. Em épocas de mudança social, por sua vez, avança de maneira acelerada. É importante não perder de vista essa distinção, apesar de que o tempo social acaba ficando "preso" no tempo cronológico.[13]

No tempo cronológico podemos ter distintos dilatamentos e condensações de tempo social. Há semanas, meses e anos em que parece que o tempo social, dilatado, apenas transcorre; enquanto, em outros momentos, eventos e transformações se condensam em semanas e dias. Uma unidade de tempo cronológico pode conter diversas cargas de tempo social.

Diversas concepções do tempo

A percepção do tempo é um problema sócio-histórico. Nem sempre ele é "visto" de maneira igual. Podemos distinguir ao me-

---

[12] Anderson, P. *Teoría, política e historia: un debate con E. P. Thompson*. 1985, p. 82. [N. T.: ed. bras. cit.]
[13] Elias, N. *Sobre el tiempo*. Ciudad de México: FCE, 1989. [N. T.: ed. bras. cit.].

nos três grandes concepções: o tempo cíclico, o tempo linear e o tempo em espiral.

O *tempo cíclico* é a forma predominante de percepção do tempo nas organizações sociais tradicionais. O retorno permanente a pontos já percorridos e a repetição constituem elementos chave dessa visão. Passado, presente e futuro se sobrepõem, conformando uma unidade na qual esses segmentos perdem os limites que caracterizam a visão tradicional do tempo linear. Os ciclos recorrentes das estações e seu impacto nos processos de preparação da terra, semeadura e colheita dão uma boa imagem dessa percepção.

A visão de *tempo linear* predomina na modernidade ocidental. A noção de progresso é um dos seus pontos nodais. A sociedade se move e se afasta cada vez mais de um ponto de partida, que fica no passado, aproximando-se de um futuro superior. Passado, presente e futuro são segmentos de tempo claramente diferenciados.

Em algumas concepções do final do século, o *tempo linear* se acelera como resultado de processos que propiciam uma verdadeira religião da novidade e da *cultura* do lenço de papel: assim que um bem aparece ele já está condenado a ser descartado. Suas manifestações se fazem presentes nos mais variados campos da vida social: computadores e programas que se tornam rapidamente obsoletos, assim como linhas e modelos de automóveis cujos últimos modelos superam de longe os anteriores; governos que se guiam por pesquisas diárias de opinião para decidir suas ações. Os exemplos poderiam continuar.

O presente social se torna frágil diante de uma sociedade que se vê arrastada pelo turbilhão de um passado que pisa nos calcanhares e pela voracidade de um futuro que se equilibra ante a iminência da novidade. Assim, as relações entre passado, presente e futuro se modificam. A vertigem e a incerteza seriam algumas das características do tempo nesta etapa da modernidade.

O *tempo em espiral*, por último, combina aspectos das duas visões anteriores. Há um semicírculo de distanciamento e outro de permanente retorno, mas que nos faz retornar a um estado diferente, não necessariamente melhor – apenas distinto – que o anterior. O questionamento das noções de progresso presente na visão linear do tempo, assim como a *cultura* da futilidade, são alguns dos fundamentos que dão vida a essa percepção.

Segundo certos autores, o tempo cíclico também está presente na vida cotidiana dos seres humanos nas sociedades modernas,[14] o que dá destaque a um problema importante: as diversas concepções do tempo convivem de maneira simultânea em nosso presente, ainda que alguma delas prevaleçam. Essa convivência não apenas se dá em grupos ou segmentos sociais diferentes, mas ganha vida dentro de um mesmo segmento ou de um mesmo sujeito social.

Periodização: a pluralidade do tempo

Os estudos de Fernand Braudel tiveram impacto nas últimas décadas ao destacar o problema da *pluralidade do tempo* nas análises das ciências sociais. No campo das ciências em geral, Ilya Prigogine talvez seja o autor que mais tenha dado importância ao tema, destacando as noções de "irreversibilidade" e "flecha do tempo".[15] Braudel distingue três grandes temporalidades: o tempo

---

[14] Como Lalive D'Epinay, C. "La vie quotidianne. Essais de construction d'un concept sociologique et antropologique", *Cahiers Internationaux de Sociologie*, v. XXIV. Paris: PUF, 1983, citado por Hiernaux, D. em: "Tiempo, espacio y apropiación social del territorio: ¿hacia la fragmentación de la mundialización?", *Diseño y Sociedad*. Ciudad de México: UAM-Xochimilko, n. 5, primavera de 1995.

[15] A formulação da segunda lei da termodinâmica, que mostra que existe uma perda (dissipação) de energia, ou entropia, põe em evidência a impossibilidade de uma inversão do trajeto e a existência, nos processos, de uma "flecha do tempo". Ver: Prigogine, I., Stengers, I. *La nueva alianza:* metamorfosis de la ciencia. Madri: Alianza Universidad, 1983. Ver também, dos mesmos autores: *Entre el tiempo y la eternidad*. Madri: Alianza Universidad, 1990.

curto ou acontecimento, "a mais caprichosa, a mais enganosa das durações",[16] na qual se privilegiaria a dimensão política da análise; o tempo médio ou de conjuntura, "que oferece à nossa escolha uma dezena de anos, um quarto de século e, em última instância, o meio século do ciclo clássico de Kondratiev",[17] com ênfase na dimensão socioeconômica; e o tempo longo ou de longa duração, que privilegiaria "a surpreendente fixação do marco geográfico das civilizações".[18] Graficamente, o ciclo dos movimentos de curta, média e longa duração pode ser expresso tal como se demonstra no Gráfico 2:

Gráfico 2. Os ciclos do tempo social

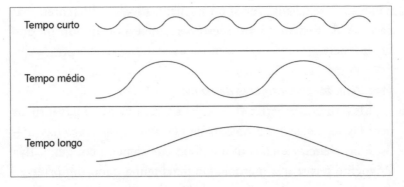

Os ritmos do tempo curto são breves e concentrados, ao passo que a longa duração apresenta um ciclo em que as fases de ascensão e descenso são longas e dilatadas. Por isso, no lapso de um ciclo de longa duração, podem-se desenvolver muitos ciclos de curta duração.

---

[16] Braudel, F. *La historia y las ciencias sociales*. Ciudad de México: Alianza Editorial, 1992, p. 66. [N. T.: ed. bras. cit.]
[17] *Ibid.*, p. 68.
[18] *Ibid.*, p. 71.

Apesar de suas diferenças, existem vínculos estreitos entre um tempo e outro. Os processos de longa duração permitem decifrar o sentido dos bruscos e às vezes contraditórios dos movimentos curtos. Contudo, por outro lado, os processos de tempo curto, como uma gota de água, vão erodindo, em geral de maneira imperceptível, a rocha do longo prazo.

A unidade do tempo social

Um problema central da análise é captar a *unidade do tempo social*, os pontos em que a integração dos diversos tempos chega a sua intersecção: deve-se buscar a importância e a incidência do tempo curto na longa duração, assim como a importância e incidência da longa duração no tempo curto. Esse problema não é de fácil resolução, entre tantas coisas, pois ao privilegiar um dos tempos (curto, médio ou longo), os paradigmas ficam desarmados teórica e metodologicamente para entender os processos que ganham vida nos tempos excluídos ou mal apreendidos, bem como para entender a *relação* entre tempo curto e tempo longo.

Esse é um dos problemas da proposta braudeliana. O acontecimento perde importância diante da preeminência da longa duração.[19] Dessa maneira, não apenas os processos lidos no tempo longo são privilegiados, a despeito dos processos que só podem ser lidos no tempo curto, como também se perde a compreensão da relação entre os distintos tempos e suas determinações mútuas.

---

[19] Ver o capítulo 3, "La larga duración", em: Braudel, F. *La historia y las ciencias sociales*, op. cit., p. 60-106.

A conjuntura: primeira aproximação

Existe um tempo curto que, por diversas particularidades, deve ser diferenciado dos demais: nos referimos à conjuntura.[20] Na sociedade existe uma série de processos que se desenvolvem no tempo curto, mas *nem todo tempo curto é uma conjuntura*. Numa primeira aproximação,[21] nos referimos à conjuntura quando se produz uma condensação particular de tempo social num tempo curto, na qual os processos sociais, econômicos, políticos e culturais se concentram no campo político. Os processos sociais têm sua duração própria, seu próprio tempo. Entretanto, podem ser analisados a partir de tempos diferentes, o que os faz adquirir leituras particulares. Uma conjuntura específica, analisada a partir da longa duração, ganha uma inteligibilidade de natureza distinta da sua interpretação em um tempo curto ou médio.

A dimensão espacial

A dimensão espacial nos remete ao vínculo sociedade-natureza em espaços geográficos determinados. O clima e as condições geográfico-naturais desempenham um papel fundamental no processo de construção da história social. Marx observa, por exemplo, que "não é o clima tropical, com sua vegetação exuberante, a pátria do capital, mas sim a zona temperada".[22] A dimensão espacial também nos permite analisar a disposição heterogênea que as diversas organizações socioeconômicas atingem. Os eixos centrais da economia-mundo, por exemplo, moveram-se geograficamente, da mesma forma que suas respectivas zonas semiperiféricas e periféricas. Braudel observa o seguinte itinerário de deslocamentos do centro, na história do sistema capitalista:

---

[20] Na linguagem braudeliana, isso se aproxima de sua noção de acontecimento.
[21] Desenvolvemos o tema com maior profundidade em *El análisis de coyuntura*. Ciudad de México: Cidamo, 1987.
[22] Marx, K. *El capital*. Ciudad de México: Siglo XXI, 1971-6, t. I, v. 2, p. 623.

No caso da Europa e das zonas anexadas por ela, operou-se uma centralização por volta de 1380 a favor de Veneza. Em 1500, se produziu um salto brusco e gigantesco de Veneza a Antuérpia e, depois, em 1550-1560, uma volta ao Mediterrâneo, mas desta vez em favor de Gênova; finalmente, em 1590-1610, uma transferência a Amsterdam, onde o centro econômico da zona europeia se estabilizará por quase dois séculos. Entre 1780 e 1815, se deslocará para Londres, e, em 1929, atravessará o Atlântico para se situar em Nova York.[23] Os principais níveis de análise da dimensão espacial são três: processos sociais que exigem espaços macrorregionais; outros que se desdobram em espaços regionais; e ainda outros, que se desenvolvem em espaços locais. Cada um desses níveis confere um suporte material aos processos sociais, mas também os determina por suas características.

O capitalismo, nas palavras de Wallerstein, é uma organização social que funciona como uma economia-mundo;[24] o autor enfatiza a vocação macrorregional dessa organização e sua necessidade de integrar a história de distintas civilizações e povos em uma única grande história planetária, a do sistema capitalista. Nessa modalidade macrorregional de fazer história, surgem anéis em torno aos centros do sistema, as regiões semiperiféricas e as periféricas.[25] Assim, o espaço tende a estar heterogeneamente ocupado. A essa forma heterogênea e hierarquizada de ocupação do espaço, do ponto de vista da concentração desigual do valor,

---

[23] Braudel, F. *La dinámica del capitalismo*. Ciudad de México: FCE, 1986, p. 92-93.
[24] Ver seu livro *El moderno sistema mundial*, t. I. Ciudad de México: Siglo XXI, 1979; em particular, o capítulo 7, "Repaso teórico", p. 489-502.
[25] Joseph Hodara atribui a noção de "periferia" a Ernst Wagemann, economista alemão formado no Chile. Daí a noção teria sido passada para Raúl Prebisch, que a integrou à noção de "centro", conformando a dupla "centro-periferia" que caracterizou o discurso da Cepal no seu início. Ver: Hodara, J. *Prebisch y la CEPAL*. Ciudad de México: Colegio de México, 1987, p. 132-140. Braudel acrescenta a noção de "semiperiferia" ao esquema de Prebisch.

acrescenta-se uma segunda característica, referida às condições geográficas específicas. Pode-se ser periferia no sistema, mas é diferente sê-lo no Caribe ou nas proximidades do Polo Sul. O tipo de bens que se pode produzir em um e outro caso são diversos. Por exemplo: açúcar, algodão ou cacau no primeiro, face à criação de ovelhas e à produção de carne e lã no segundo. Considerando climas mais ou menos semelhantes, também podem ocorrer diferenças: grandes planícies propiciam o cultivo de trigo e outros grãos, ou de pastagens que favorecem a criação de gado (caso dos pampas argentinos), ao passo que regiões acidentadas podem contar com ricas jazidas minerais (como as minas de prata do Peru antigo).

O clima e as condições geográficas também repercutem nas modalidades de reprodução da força de trabalho. Em zonas com climas frios, vestimentas grossas, moradias sólidas e alimentação rica em gordura têm mais importância do que vestimentas leves, moradias abertas e alimentação menos gordurosas, que são mais importantes em zonas com climas quentes. Todos esses são exemplos que nos permitem compreender as diversas imbricações e determinações que podem ser estabelecidas entre os processos sociais e as características do espaço geográfico.

Mas retornemos ao problema central: há processos sociais que exigem diferentes tipos de espaço. Já vimos que o capitalismo, como sistema, precisa de espaços macrorregionais. Contudo, essa organização socioeconômica também suscita a ocupação de espaços menores, como a região e a localidade.

Uma modalidade fundamental para o desenvolvimento do capitalismo foi o espaço do Estado-nação. A divisão territorial, a criação de moedas particulares e as formas de domínio e controle da população sob as fronteiras de Estados nacionais teve um papel fundamental no desenvolvimento dessa organização socioeconômica. Hoje, pode haver uma tendência de alguns desses elementos perder importância.[26] Entretanto, não resta dúvida de que desempenharam, em momentos específicos, um papel fundamental para organizar a reprodução não apenas sistêmica, mas "nacional" do capitalismo. Também surge uma noção de região que vai além do Estado-nação. É o que ocorre hoje, por exemplo, com os processos de integração, como os que ocorrem na Europa Ocidental, no Norte da América e no Sul da América.[27] No entanto, o capitalismo não é alheio ao recurso e ao uso de unidades espaciais menores, como as localidades, microespaços onde certas relações econômicas, sociais, políticas e culturais adquirem sentido e exigem explicação.

O espaço-tempo

Nos últimos anos, a integração das dimensões espacial e temporal tem ganhado crescente atenção, originando a noção de espaço-tempo, que deriva de ideias primárias – como a de que "um movimento no espaço é também um movimento no tempo"[28] – e abre novos horizontes de reflexão nas ciências sociais. Contudo, essa integração aponta para problemas mais complexos. Um deles é "como reinserir o tempo e o espaço como variáveis constitutivas internas em nossa análise, e não meramente como realidades fí-

---

[26] Para alguns autores, a própria noção de Estado-nação perde vigência em momentos de globalização, hipótese que não compartilhamos. Ver, por exemplo: Ianni, O. *Teoría de la globalización*. Ciudad de México: Siglo XXI, 1996. [N. T.: ed. bras. cit.] Mesmo em condições de globalização, as heterogeneidades oferecidas nos espaços estatais-nacionais seguem desempenhando um papel de primeira importância. As formas de exploração impulsionadas pelo Estado, para conseguir vantagens em termo salarial frente a outras economias, são um exemplo do que apontamos. Esses processos diferenciados de exploração e domínio diferenciado no sistema mundial são inerentes ao capitalismo. Ver Osorio, J. *Sistema mundial, intercambio desigual y renta de la tierra*, 2017.

[27] Para uma análise desse e de outros problemas mencionados, consultar o conjunto de ensaios reunidos em *Nuevas tendencias en el análisis regional*, coordenado por Blanca Ramírez. Ciudad de México: UAM-Xochimilco, 1991; em especial, ver o trabalho de Daniel Hiernaux, "En la búsqueda de un nuevo paradigma regional".

[28] Giddens, A. *La constitución de la sociedad. Bases para la teoría de la estratificación*. Buenos Aires: Amorrortu, 1995, primeira reimpressão, 1998, p. 144.

sicas invariáveis dentro das quais existe o universo social",[29] o que implica em reconstruções conceituais e metodológicas.

Conclusão: paradigmas "abertos" e paradigmas "fechados"

Em todas as dimensões de análise, o problema que queremos explicar é o que define a unidade de análise à qual devemos recorrer. Entretanto, existe um princípio que não deve ser esquecido: qualquer que seja a unidade adotada, deve-se considerar que ela integra uma estrutura que lhe dá inteligibilidade. Isso implica responder a uma questão dupla: de que maneira um processo geral se manifesta e se expressa em processos particulares (ou unidades menores), e de que maneira os processos particulares (ou unidades menores) incidem e afetam os processos gerais nos quais participam.

As categorias e os instrumentos analíticos serão distintos nas diferentes unidades. Já vimos alguns exemplos com relação à categoria classes sociais e à reconstrução que exige, dependendo do nível em que o estudo é realizado. Essa reconstrução teórica – que também podemos chamar de "mediação"[30] – é uma necessidade permanente na passagem de um nível de análise ao outro e constitui um dos problemas chave da análise. Parte substantiva da riqueza de um paradigma reside na sua capacidade de contar com a flexibilidade teórica e metodológica que possibilite passar de uma dimensão a outra (níveis de análise, tempo e espaço) e, dentro de uma dimensão, aos distintos níveis que a conformam (ver o Quadro 1). Em suma, a riqueza de um paradigma reside

---

[29] Wallerstein, I. (coord.). *Abrir las ciencias sociales*. Ciudad de México: Siglo XXI, 1996, p. 82.
[30] Para uma análise desse tema, ver Ípola, E. de. "Estructura y coyuntura: las 'mediaciones'". *In:* Vega, J. E. (coord.). *Teoría y política en América Latina*. Ciudad de México: Libros del CIDE, 1983.

na abertura que oferece para realizar esses movimentos, na sua capacidade de mediação.

A rigidez de um paradigma nesse terreno e sua disposição de "amarrar" a análise em uma dimensão e em um nível se referem, por sua vez, à sua pobreza. Nesse caso, o que temos são paradigmas "fechados": não favorecem a integração de níveis e de dimensões.

Referências

AGUIRRE, C. "Hacer la historia, saber la historia: entre Marx y Braudel". *Cuadernos Políticos*, n. 48, octubre-diciembre de 1986, Cidade do México.

ANDERSON, P. *Teoría, política e historia:* un debate con E. P. Thompson. Madri: Siglo XXI Editores, 1985.

BAGÚ, S. *Tiempo, realidad social y conocimiento*. Cidade do México: Siglo XXI Editores, 1970.

BRAUDEL, F. *La historia y las ciencias sociales*. México: Alianza Editorial, 1992.

BRAUDEL, F. *La dinámica del capitalismo*. México: Fondo de Cultura Económica, 1986.

ELIAS, N. *Sobre el tiempo*. México: Fondo de Cultura Económica, 1989.

GIDDENS, A. *La constitución de la sociedad*: bases para la teoría de la estructuración. Buenos Aires: Amorrortu Editores, 1995.

GIDDENS, A; TURNER, J. *La teoría social hoy*. México: Alianza/Conaculta, 1991.

HIERNAUX, D. "En la búsqueda de un nuevo paradigma regional". *In:* RAMÍREZ, B. (coord.). *Nuevas tendencias en el análisis regional*. México: UAM-Xochimilco, 1991.

HIERNAUX, D. "Tiempo, espacio y apropiación social del territorio: ¿hacia la fragmentación de la mundialización?" *Diseño y Sociedad*, n. 5. México: UAM--Xochimilco primavera de 1995.

HODARA, J. *Prebisch y la CEPAL*. México: El Colegio de México, 1987.

IANNI, O. *Teorías de la globalización*. Cidade do México: Siglo XXI Editores, 1996.

IPOLA, E. "Estructura y coyuntura: las 'mediaciones'." *In:* DE JUAN ENRIQUE VEGA (coord.). *Teoría y política en América Latina*. México: Libros del CIDE, 1983.

KOSELLECK, R. *Futuro pasado*. Barcelona: Paidós, 1993.

KOSÍK, K. *Dialéctica de lo concreto*. México: Editorial Grijalbo, 1967.

MARX, K. *Elementos fundamentales para la crítica de la economía política 1857-1858* (borrador). V. I. Cidade do México: Siglo XXI Editore,1971.

MARX, K. *El capital,* três volumes. México: Fondo de Cultura Económica, 1973 (7. reimp.).

MARX, K. "El 18 brumario de Luis Bonaparte". *In: Obras escogidas de Marx-Engels* (três volumes). Moscou: Editorial Progreso, v. I, 1980.

MARX, K. "El manifiesto comunista". In: Obras Escogidas de Marx-Engels (três volumes). Moscou: Editorial Progreso, v. 1, 1980.

MARX, K. Prólogo de Contribución a la crítica de la economía política. In: Obras Escogidas de Marx-Engels (três volumes). Moscou: Editorial Progreso, v. 1, 1980.

MORIN, E. Introducción al pensamiento complejo. Barcelona: Gedisa Editores, 1998.

MORIN, E. El método. v. 1. Madri: Cátedra, 1997.

OSORIO, J. El análisis de coyuntura, CIDAMO, México, 1987.

OSORIO, J. Sistema mundial, intercambio desigual y renta de la tierra. México: Ítaca/UAM, 2017.

POPPER, K. Conjeturas y refutaciones: el desarrollo del conocimiento científico. Barcelona: Paidós, 1967, 4ª reimp., 1994.

POULANTZAS, N. Poder político y clases sociales en el Estado capitalista. Cidade do Méxio: Siglo XXI Editores, 1969.

POULANTZAS, N. Las clases sociales en el capitalismo actual. Madri: Siglo XXI Editores, 1976.

PRIGOGINE, I.; STENGERS, I. La nueva alianza: metamorfosis de la ciencia. Madri: Alianza Universidad, 1983.

PRIGOGINE, I.; STENGERS, I. Entre el tiempo y la eternidad. Madri: Alianza Universidad, 1990.

RAMÍREZ, B. (coord.). Nuevas tendencias en el análisis regional. México: UAM-Xochimilco, 1991.

WALLERSTEIN, I. El moderno sistema mundial. México: Siglo XXI Editores, dois volumes, 1979.

WALLERSTEIN, I. (coord.). Abrir las ciencias sociales. Cidade do México: Siglo XXI, 1996.

IV. SOBRE EPISTEMOLOGIA E MÉTODO EM MARX[1]

> "Todo o modo de concepção de Marx, porém, não é uma doutrina, mas um método. Não dá quaisquer dogmas prontos, mas pontos de apoio para uma investigação ulterior e o método para essa investigação."
> Carta de Engels a Sombart, março de 1895.[2]

Toda reflexão científica, de maneira aberta ou oculta, é realizada a partir de certas concepções, seja sobre a realidade, sobre o que significa conhecer e como alcançar o conhecimento, sobre a relação indivíduo-sociedade, dentre muitas outras. Elas definem o *horizonte de visibilidade* da reflexão, os problemas e as perguntas que se coloca, o que ilumina e o que fica obscuro.

A reflexão de Marx não é alheia a essa situação. No entanto, como em muitos outros terrenos, a não ser em algumas páginas de sua imensa produção (onde se situariam privilegiadamente a

---

[1] Tradução de Fabio de Oliveira Maldonado.
[2] Marx, K.; Engels, F. *Obras escogidas*, três volumes. Moscou: Editorial Progreso, 1894, v. III, p. 534.

"Introdução à crítica da Economia Política" e algumas cartas), não se encontra um trabalho que desenvolva sua postura epistemológica e metodológica sobre o fazer científico. Portanto, isso deve ser desentranhado de sua obra, o que implica uma tarefa nada fácil, seja pela densidade dos temas abordados, seja pela complexidade dos problemas epistemológicos e metodológicos imbricados no tratamento anterior.

Nas páginas seguintes, desenvolveremos os elementos básicos que definem a postura de Marx em sua tarefa de conhecer e produzir ciência. Adiantamos que eles se situam em franca oposição aos pressupostos que guiam a reflexão atual nas ciências sociais em geral e na economia em particular.

O relacional

Um dos elementos chave da reflexão de Marx é seu esforço em desvendar as relações que organizam a vida em sociedade, e que acabam conformando uma densa rede que articula as atividades dos homens. Por isso, diz Engels: "a Economia Política não trata de coisas, mas de *relações* entre pessoas e, em última instância, entre classes; essas relações estão, porém, sempre *ligadas a coisas e aparecem como coisas*".[3] Uma abordagem assim tem como pressuposto que a sorte social dos homens está "amarrada" à sorte social de outros. Que existem relações e que estas têm incidência nas questões substanciais da vida social.

Entretanto, tão importante quanto assumir que a ciência social deve dar conta do relacional é a tarefa de construção conceitual capaz de dar conta desse processo. Esse é um aspecto

---

[3] Engels, F. "*Carlos Marx*: contribución a la crítica de la economía política". Marx, K.; Engels, F. *Obras escogidas* em três volumes. Moscou: Editora Progreso, 1980, v. I, p. 529 (grifo do autor). [N. T.: ed. bras. cit.]

central das categorias empregadas por Marx que,[4] quando fala de capital, entende que "não é uma coisa, mas uma determinada relação social de produção pertencente a determinada formação histórico-social [...]".[5]

O capital expressa de maneira concentrada uma forma de sociedade organizada sobre a base de proprietários e não proprietários de meios de produção, que *entram em relações sociais a partir dessa situação concreta*, propiciando a gestação de trabalho excedente sob a forma de mais-valor, uma das formas ou encarnações do capital. Podemos dizer o mesmo da noção de mais-valor. Ela remete a um produto excedente (que deve assumir a forma de dinheiro no capitalismo) que fica em mãos de um agrupamento social distinto daquele que o produziu, o que deixa este último "livre" para vender sua capacidade de trabalho para viver. A noção de mais-valor dá conta, então, da relação apropriação-expropriação ou, em outras palavras, da relação explorador-explorado. O salário e a renda também enfatizam aspectos específicos da repartição da riqueza, mas estabelecem, por sua vez, o campo relacional. Em suma, a própria noção de valor não pode ser entendida a não ser como um assunto social: produtores independentes de mercadorias que devem submeter-se ao tempo de trabalho socialmente necessário, isto é, ao tempo de trabalho de outros produtores.

Esta é uma particularidade do sistema categorial de Marx. Seus conceitos são "abertos", no sentido de que formam pontes para estabelecer as articulações que organizam a sociedade. E essas pontes permitem não apenas descobrir as articulações no campo

---

[4] "É nesta natureza social das categorias materiais onde Marx via suas 'conexões internas'. Os economistas vulgares apenas estudavam as aparências externas que são formas 'alienadas' das relações econômicas [...] sem captar seu caráter social." Rubin, I. I. *Ensayos sobre la teoría marxista del valor*. Córdoba: Pasado y Presente, n. 53, 1974, p. 74.

[5] Marx, K. *El capital*, apud Therborn, G. *Ciencia, clase y sociedad*. Madri: Siglo XXI, 1980, p. 381.

econômico, mas o ultrapassam para entrar nos campos social e político. O mais-valor é também a forma de apropriação da riqueza social por parte de um agrupamento social, de uma classe social, a burguesia. O salário é a forma de apropriação da riqueza de outra classe, diferente da primeira, mas definida por sua relação com ela, e diferente do agrupamento humano – ainda que em dependências sociais mútuas com ele –, que, por sua vez, se apropria da renda e dá existência à classe latifundiária. Cada uma dessas classes dará origem a relações diferenciadas no campo político e frente ao poder em função de posições estruturais diferenciadas no terreno da exploração e da dominação.

Temos então um *corpus conceitual no qual a transdisciplinaridade faz parte de sua própria construção*. De partida, isso oferece um tipo de análise diametralmente distinto aos esforços interdisciplinares, que partem de categorias ou conceitos "fechados", resultando em algo mais aproximado a uma bricolagem (maior ou menor) do que a uma análise integrada.

Rede de relações sociais *versus* individualismo metodológico

A ênfase de Marx nas relações sociais tem como substrato a hipótese de que a sociedade não constitui um simples agregado de átomos (indivíduos), mas uma entidade diferente, muito mais complexa que as particularidades de seus componentes isolados, e que antecede o indivíduo, determinando-o. Temos "indivíduos que produzem em sociedade, ou seja, a produção de indivíduos socialmente determinada: esse é naturalmente o ponto de partida". De maneira alguma o "caçador e o pescador, singulares e isolados, pelos quais começam Smith e Ricardo [...]".[6]

---

[6] Marx, K. *Grundrisse*. Ciudad de México: Siglo XXI, três volumes, 1971, v. I, p. 3. [N. T.: ed. bras. cit. p. 39.]

Essa tese é antípoda do individualismo metodológico, para a qual "os homens no estado de sociedade são fundamentalmente indivíduos" que, "ao se reunirem, *não se convertem em uma substância distinta*, dotada de propriedades diferentes". Definitivamente, segundo esse enfoque "os seres humanos em sociedade não têm mais propriedades do que as derivadas das leis da natureza individual e que podem se reduzir a esta".[7] Para a economia neoclássica e a *rational choice*, "os coletivos não atuam, não têm interesses; os coletivos não têm planos [...]. Quem atua verdadeiramente, tem interesses, planos etc., é o indivíduo. *Essa é, em síntese, a tese do individualismo metodológico*".[8] No limite, Marx dirá que "o ser humano é [...] não apenas um animal social, mas também um animal que *somente pode isolar-se em sociedade*". Assumir na análise "a produção [...] de um indivíduo isolado, fora da sociedade" – as "robinsonadas" da economia neoclássica – "é tão absurdo quanto a ideia de um desenvolvimento da linguagem sem indivíduos que vivam *juntos* e falem uns com os outros".[9]

Como será possível verificar, não é que o marxismo não fale ou não possa considerar os indivíduos em sua análise. *O problema reside em considerá-los isolados do campo social em que se desenvolvem, a partir de uma natureza abstrata e atemporal*, e a partir daí definir suas ações, motivações, interesses, necessidades e racionalidades, conforme a economia neoclássica, a ciência política do *rational choice* ou a sociologia da ação social consideram,[10] ou considerar

---

[7] Mill, J. S. *Système de la logique déductive et inductive*, v. II. Paris: Lacan, 1909, p. 468. apud Feijóo, J. V. "El fracaso de la teoría económica convencional", *Argumentos*, n. 23. México: UAM-Xochimilco, set. 1995, p. 46.

[8] Schwartz, P.; Rodríguez, C.; Méndez Ibisate, F. (org.). *Encuentro con Karl Popper*. Madri: Alianza Editorial, 1993, p. 29 (grifo nosso).

[9] Marx, K. *Grundrisse*, v. I. Ciudad de México: Siglo XXI, 1971, p. 4 (primeiro grifo nosso). [N. T.: ed. bras. cit. p. 40.]

[10] "A economia marginalista parte do ator individual que calcula como alcançar seus fins com meios escassos", observa G. Therborn, acrescentando que "a sociologia

que suas motivações, interesses, necessidades e racionalidades estão enquadradas pelo campo de relações sociais nas quais esses indivíduos se inserem. Temos, assim, duas perspectivas de sociedade que conduzem a caminhos totalmente diferentes, *que não encontram pontos de convergência*, uma vez que se adote um ou outro ponto de partida.[11]

Da totalidade

A tese de que a sociedade constitui uma unidade que vai além da simples somatória das ações de seus componentes individuais remete, em Marx, à ideia de totalidade, de uma unidade complexa, articulada e hierarquizada nos elementos que a compõem, cuja compreensão não pode ser alcançada com a junção das partes,[12] por mais exaustiva que seja.[13] O conhecimento da totalidade não significa que podemos alcançar um conhecimento de tudo o que

---

interpretativa de Weber" – pai da teoria da ação social – "não é concebida [...] como uma arte imaginativa. É uma generalização da economia marginalista". Therborn, G. *Ciencia, clase y sociedad*. Madri: Siglo XXI, 1980, p. 292.

[11] Daí os resultados limitados que o marxismo analítico chega, por exemplo, em sua tentativa de conciliar o irreconciliável. Nesta linha, John Roemer afirma: "Com respeito ao método, creio que a teoria econômica marxista tem muito a aprender com a teoria econômica neoclássica" e com "respeito à pesquisa substantiva [...] a teoria econômica neoclássica tem muito a aprender com a teoria econômica marxista". Ver seu ensaio "Marxismo de 'elección racional': algunas cuestiones de método y contenido", em John Roemer (compilador), *El marxismo: una perspectiva analítica*, México: FCE, 1989, p. 219.

[12] "Reunir todos os fatos ainda não significa conhecer a realidade, e todos os fatos (juntos) não constituem ainda a totalidade". Kosík, K. *Dialéctica de lo concreto*. México: Grijalbo, 1967, p. 55. A essa forma de conhecer, Kosík denomina "conhecimento sistemático-acumulativo", que difere do conhecimento dialético em sua concepção da realidade. "Se a realidade é um conjunto de fatos, o conhecimento humano só pode ser abstrato, um conhecimento sistemático-analítico das partes abstratas da realidade, ao passo que o todo da realidade é incognoscível". Kosík, K. *op. cit.*, p. 61-62. [N. T.: ed. bras. cit.]

[13] Nesta linha, Bloch observa que "o conhecimento dos fragmentos estudados sucessivamente, *cada um por si*, não dará jamais o do conjunto, *não dará nem sequer o dos fragmentos*". Bloch, M. *Introducción a la historia*. México: FCE, 1987, p. 40 (grifo do autor). [N. T.: ed. bras. cit.]

acontece na sociedade (que seria associado à ideia de completude),[14] e sim dos elementos que articulam, organizam e hierarquizam a vida social e que tornam possível que se reproduza, material e socialmente, de uma determinada maneira.[15] Isso supõe um questionamento às análises que acreditam que reconstruirão a visão global a partir da somatória de conhecimentos parcelados, como também dos estudos que enfocam alguma parcela da realidade e que buscam "conhecer", sem uma hipótese mínima sobre o lugar dentro do – e nas relações dessa parcela com o – todo maior do qual é parte.[16] Isso não significa uma rejeição aos estudos parciais, à análise de fragmentos da realidade. O que se questiona é a realização desse tipo de análise sem uma interpretação do lugar e das relações que tais parcialidades e fragmentos mantêm com a unidade complexa ou a totalidade na qual se articulam e da qual fazem parte.

A ideia de totalidade, definitivamente, está estreitamente associada ao aspecto relacional indicado no começo desta exposição. Contudo, é necessário insistir, não se trata de um passo simples, no qual "tudo tem a ver com tudo", prendendo-nos em uma visão elementar da complexidade. A noção de totalidade em Marx é

---

[14] Edgar Morin introduz este conceito, mas sem dar-lhe um estatuto em seu corpo discursivo. Ver: *Introducción al pensamiento complejo*. Barcelona: Gedisa Editores, 1998, p. 142. [N. T.: ed. bras. cit.]

[15] "[...] no pensamento dialético a realidade é concebida e representada como um todo, que não é *somente* um conjunto de relações, fatos e processos, mas também sua *criação*, sua estrutura, sua gênese." Kosik, K. *Dialéctica de lo concreto, op. cit.*, p. 63 (grifo do autor). A noção de totalidade é reconstruída de acordo com os níveis de abstração (que veremos adiante) na qual a análise se move. Não é a mesma no modo de produção do que no nível do sistema mundial ou de uma formação social. Contudo, em qualquer nível, a análise não pode eludir sua formulação e estabelecer a relação das partes com a unidade complexa onde elas se articulam e se hierarquizam.

[16] Em nossos dias as pesquisas de "pedaço" social, econômico, político etc., sem referência ao papel e as relações que esses "pedaços" têm com as totalidades da qual fazem parte.

hierarquizada e busca estabelecer *quais relações e de que maneira* têm maior incidência na explicação das regularidades de como se produz e reproduz uma sociedade.

A totalidade marxista, por outro lado, se assume como uma unidade contraditória, o que significa que, de maneira simultânea, é concebida como unidade e luta dos opostos, que é conformada com polos sociais que se atraem e se repelem, sendo as classes e a luta de classes sua expressão social mais importante.

Processo histórico e periodização

O conhecimento dos fenômenos sociais não pode ser separado do postulado de que a realidade que é objeto de reflexão, por suas contradições, se recria e se encontra num processo constante de vida e morte, início, desenvolvimento e liquidação, de sorte que o conhecimento é obrigado a dar conta do processo analisado e de suas *etapas ou periodizações*.[17] Um dos grandes debates de Marx com a Economia Política clássica se desenvolve tendo como eixo os pressupostos desta última de que os processos dos quais se buscava dar conta eram inerentes a toda ordem social e não a construções sociais temporais. Por isso, observa que "os economistas burgueses [...] consideram o capital como uma forma produtiva eterna e conforme à natureza (não à história)",[18] e que "somente os burgueses de horizontes limitados [...] concebem as formas capitalistas como as formas absolutas da produção, como suas formas naturais e

---

[17] "A dialética não pode conceber a totalidade como um todo já acabado e formalizado que determina as partes, já que a própria determinação da totalidade pertence à *gênese* e ao *desenvolvimento* da totalidade, o que implica do ponto de vista metodológico a indagação de como nasce a totalidade e quais são as *fontes internas de seu desenvolvimento e movimento*". Kosik, K. *Dialéctica de lo concreto*, *op. cit.* p. 71-72 (grifo do autor).

[18] Marx, K. *Grundrisse*. Ciudad de México: Siglo XXI, 1971, v. 1, p. 421. [N. T.: ed. bras. cit.]

eternas".[19] Ao contrário, para Marx "as formas econômicas sob as quais os homens produzem, consomem e trocam, são *transitórias e históricas*". E acrescenta: "Ao adquirir novas forças produtivas, os homens mudam seu modo de produção, e com o modo de produção mudam todas as relações econômicas, que não eram nada mais do que as relações necessárias daquele modo concreto de produção".[20] Por outro lado, também se entende que as categorias são históricas, fazem parte do processo de conhecimento em seu sentido geral e que, como explicação da realidade, têm validez para momentos históricos específicos, de modo que outras teorias, em outros momentos, poderão substituí-las ou revolucioná-las.

Lei e singularidade

Na proposta teórica de Marx uma das preocupações centrais é estabelecer as regularidades que expliquem a vida social, e que no campo da ciência se expressam sob a noção de leis.

Essas leis apresentam diferenças no campo das ciências sociais em relação ao campo das ciências da natureza. A mais imediata é que as primeiras são "sociais", construções que são produzidas pelas inter-relações dos homens, enquanto as segundas são "naturais", no sentido de que emergem da própria natureza. Isto implica que as primeiras são "históricas", podendo ser modificadas desde que se entenda a lógica que as rege e as razões de seu surgimento em determinados momentos do desenvolvimento social, enquanto as segundas se apresentam como leis permanentes e imutáveis.[21]

---

[19] Marx, K. *Historia crítica de la teoría de la plusvalía*, apud Colletti, L. *El marxismo y el 'derrumbe' del capitalismo*. Ciudad de México: Siglo XXI, 1978, p. 26.

[20] Carta de Marx a Annekov, 28 de dezembro de 1846. Em Marx, K.; Engels, F. *Obras escogidas* em três volumes. Moscou: Editorial Progreso, 1980, v. I, p. 533.

[21] Não no sentido de que as ciências naturais não possam estabelecer novas leis que modifiquem, questionem e inclusive neguem as estabelecidas em determinado momento. Permanentes e imutáveis enquanto regularidades alheias ou externas à ação dos homens, e que estes, através da ciência, constroem explicações para dar

É importante destacar que as regularidades, expressas como leis, apesar de serem construções sociais, acabam apresentando-se como resultado de relação entre coisas. Isso faz referência ao fenômeno caracterizado por Marx como "fetichismo", no qual, por exemplo, "o caráter social do trabalho" se projeta sobre os homens "como se fosse um caráter material dos próprios produtos de seu trabalho, um dom natural social desses objetos, e como se [...] a relação social que medeia os produtores e o trabalho coletivo da sociedade fosse uma relação social estabelecida entre os mesmos objetos, à margem de seus produtores".[22] Junto ao fato de que as relações sociais se apresentam de maneira invertida, como fenômeno das coisas, as "regularidades" sociais se constituem em estruturas, isto é, em redes densas de relações que acabam impondo aos homens espaços de ação e de conduta social, e que *escapam a seu controle sempre que desconheçam suas regras de funcionamento, o que os impede de tomar a construção da história em suas mãos*. Tal é o significado de "leis", como a de que, "na produção social de sua vida, os homens contraem determinadas relações necessárias e independentes de sua vontade",[23] as "relações de produção", ou a de que "o modo de produção da vida material condiciona o processo da vida social, política e espiritual em geral".[24]

Esse caráter de "exterioridade" também abrange leis como a da tendência à queda da taxa de lucro, que termina operando contra a

---

conta delas. I. Wallerstein propõe que na epistemologia moderna, a separação categórica entre ciências sociais e naturais tende a desaparecer. Ver: *Abrir las ciencias sociales*. Ciudad de México: Siglo XXI, 1996.

[22] Marx, K. *El capital. op. cit.*, v. I, p. 37. [N. T.: ed. bras. cit.]

[23] Como as condicionantes sociais que supõem nascer em uma determinada classe social, que acaba definindo, em grande medida, a vida social dos indivíduos em terrenos como o tipo de estudo, de vida laboral, de receitas e de vida social em geral.

[24] Marx, K. Prólogo da "Contribución a la crítica de la economía política", em: Marx, K.; Engels, F. *Obras escogidas*, três volumes. Moscou: Editorial Progreso, 1980, v. I, p. 517-519. [N. T.: ed. bras. cit.]

vontade manifesta dos capitalistas individuais (que buscam atuar num sentido que impeça seus efeitos, procurando evitar a crise),[25] ou a lei geral da acumulação capitalista, que propicia um acréscimo do polo da miséria como resultado dos mesmos esforços que buscam aumentar o polo da riqueza.[26] Os dois últimos exemplos permitem apontar que as leis operam de maneira tendencial, o que implica que existem fatores que podem atuar no sentido de contrariá-las e/ou atenuar sua determinação. No entanto, tal situação não implica que elas "fique(m) anulada(s) ou suprimida(s)". Do contrário, "nem se compreenderia por que falar de *lei(s)*".[27]

A busca de regularidades que expliquem a vida social *não supõe o desprezo pelas particularidades dos fatos singulares*, como incorretamente apontam alguns críticos. Pelo contrário, estes são assumidos em toda sua significação, mas num contexto que lhes dá inteligibilidade para que possam ser explicados. Nesse sentido, um exemplo clássico em Marx consiste na obra *O 18 de brumário de Luís Bonaparte*, na qual, já no prefácio, Marx manifesta seu objetivo: demonstrar "como a luta de classes criou as circunstâncias e as condições na França que permitiram a um personagem medíocre e grotesco representar o papel de herói".[28] A clássica oposição entre lei e fato singular, ou entre ciências nomotéticas e idiográficas,[29] encontra em Marx uma solução que rompe com sua polaridade.

---

[25] Marx, K. *El capital. Op. cit.*, v. III, caps. XIII, XIV e XV. [N. T.: ed. bras. cit.]

[26] Marx, K. *El capital. Op. cit*, v. I, cap. XXIII. Parte dos problemas da economia neoclássica para enfrentar os problemas da pobreza começa do desconhecimento desses processos. Sua fórmula de "criar mais riqueza" para combater a pobreza leva, nas condições capitalistas, exatamente ao resultado contrário. [N. T.: ed. bras. cit.]

[27] Colletti, L. *El marxismo y el "derrumbe" del capitalismo*. Ciudad de México: Siglo XXI, 1978, p. 36.

[28] Marx, K. "El 18 Brumario de Luis Bonaparte", em: Marx, K.; Engels, F. *Obras escogidas, op. cit.*, v. I, p. 405. [N. T.: ed. bras. cit.]

[29] Nome que W. Windelband propôs no contexto das discussões sobre o método na Alemanha no final do século XIX e começo do século XX

A explicação das tendências gerais é indispensável para dar conta de fenômenos particulares. A singularidade desses fenômenos, no entanto, só pode ser entendida no quadro das tendências gerais dos processos nos quais tais fenômenos se inscrevem.

Superfície e natureza interna

Conhecer é superar as manifestações superficiais dos processos estudados com a finalidade de alcançar sua articulação interna, já que "se a forma de manifestação e essência das coisas coincidissem diretamente [...] toda ciência seria supérflua".[30] Nos cérebros do "economista vulgar [...] o que se reflete é apenas a forma direta de expressão da realidade, e não sua *relação interna*".[31] Tais economistas viram lucro, juros, renda da terra, mas não chegaram à noção de mais-valor como denominador comum de todas as formas anteriores. Na carta a Kugelmann, Marx insiste na ideia de que é necessário chegar na "conexão interna", distinta da "aparência", e que o fenômeno estudado (neste caso, se refere ao valor) "tem um segundo fundo",[32] ao qual se deve chegar para realmente conhecer. Na superfície, os processos têm a particularidade não só de "esconder" a dinâmica interna, mas também de distorcê-la. É conhecida a tese do fetichismo proposta por Marx, na qual as relações entre os homens se apresentam como relações de coisas. Ao capitalista, "na concorrência, tudo é representado cabalmente ao contrário", pois o lucro aparece como "uma fonte de renda independente do trabalho" e independente "da quantidade de trabalho não pago

---

[30] Marx, K. *El capital, op. cit.*, v. III, citado por Rosdolsky, R. *Genésis y estructura de El Capital de Marx*. México: Siglo XXI, 1978, p. 81. [N. T.: ed. bras. cit.]
[31] Carta de Marx a Engels, 27 de junho de 1867. Em: *El capital, op. cit.*, v. I, p. 686 (grifo do autor). [N. T.: ed. bras. cit.]
[32] Carta de Marx a Kugelmann, 11 de julho de 1868. Em: Marx, K.; Engels, F. *Obras escogidas*, em três volumes, Moscou: Editorial Progreso, 1980, v. II, p. 442.

que ele mesmo 'produz'",³³ e que na concorrência resulta na fixação de um lucro médio. Chegar nesse "segundo fundo" e nas "conexões internas" não é resultado de uma simples especulação teórica (ou esforço lógico de reflexão), mas anda junto ao desenvolvimento histórico que faz com que "um elemento (apareça) como comum a muitos, como comum a todos os elementos. Então deixa de ser pensado somente sob uma forma particular".

O trabalho abstrato, por exemplo, o trabalho criador de valor, só é possível ali onde "a indiferença por um trabalho particular corresponde a uma forma de sociedade na qual os indivíduos podem passar facilmente de um trabalho a outro e na que o gênero determinado de trabalho é para eles fortuito e, portanto, indiferente".³⁴ Porém, isso não é tudo. Passar da superfície à "relação interna" significa chegar na "articulação" do fenômeno estudado "no interior da moderna sociedade burguesa",³⁵ porque, "se é verdade que as categorias da economia burguesa possuem certo grau de validade para todas as outras formas de sociedade" (o que no juízo de Marx deve ser tomado *cum grano salis*),³⁶ elas devem ser capazes de dar conta da "diferença" entre uma forma de sociedade e outra, assunto que "será sempre essencial".³⁷

Por exemplo, a gestação de um produto excedente ultrapassa o capitalismo. Contudo, só nesse produto surge a forma de mais-valor, ou seja, de um produto excedente que requer a forma dinheiro para que o ciclo D-M-D' possa ser realizado. O caminho que vai da superfície, ou aparência, à conexão interna, para reconstruir as relações da sociedade aponta aos problemas referentes ao método

---

[33] Marx, K. *Teorías sobre la plusvalía*. México: FCE, 1980, v. II, p. 57.
[34] Marx, K. *Grundrisse, op. cit.*, v. I, p 25. [N. T.: ed. bras. cit.]
[35] Marx, K. *Grundrisse, op. cit.* v. I, p. 29. Isto no caso de que seja um elemento ou processo da sociedade capitalista.
[36] Com sumo cuidado.
[37] Marx, K. *Grundrisse, op. cit.*, v. I, p. 27.

e, em particular, ao processo de abstração. Abordemos, então, esse problema.

Sobre o método: do processo de abstração

O senso comum nos oferece em geral uma ordem e uma visão integradas da realidade. Conhecer cientificamente supõe colocar em questão essa ordem e essa integração, desconstruí-las, chegar em seus elementos simples e na lógica de sua organização, para voltar a integrá-la, agora a partir de uma explicação científica.

Para esse efeito, partir do "real e do concreto" projetados em nossa mente (o concreto representado) e se ater a categorias adicionadas como economia, população ou outras é um caminho que "se revela (como) falso", observa Marx. Isso porque:

> A população é uma abstração quando deixo de fora, por exemplo, as classes das quais é constituída. Essas classes, por sua vez, são uma palavra vazia se desconheço os elementos nos quais se baseiam. Por exemplo, trabalho assalariado, o capital etc. Esses supõem troca, divisão do trabalho, preços etc. O capital, [...], não é nada sem o trabalho assalariado, sem valor, sem o dinheiro, sem o preço etc. *Por isso, se eu começasse pela população, esta seria uma representação caótica do todo* [...].[38]

Por isso, não existe outro caminho a não ser chegar "a conceitos cada vez mais simples" que tenham a particularidade de *revelar a articulação específica da realidade que se quer explicar*.

Esse é o processo de abstração. Abstrair significa se distanciar da realidade, mas *não no sentido de criar uma ficção*, inexistente, e sim de separar e analisar elementos simples e reduzidos da própria realidade. Ou, nas palavras de Sweezy, "o propósito legítimo da abstração na ciência social não é nunca se afastar do mundo real, e sim isolar certos aspectos do mundo real para fins de investigação

---

[38] Marx, K. *Grundrisse*, op. cit., v. I, p. 21 (grifo nosso). [N. T.: ed. bras. cit. p. 54.]

intensa".[39] O processo de abstração, portanto, não tem nada a ver com a construção de um tipo ideal, o qual perde referência com a realidade que busca analisar, ao se converter em "um destaque unilateral de elementos que derivam de nosso interesse cognitivo",[40] com os quais "construímos conexões que nossa *fantasia*, disciplinada e orientada para a realidade, *julga* adequadas".[41] É importante destacar que o isolamento de elementos simples é realizado com categorias que expõem as relações sociais que subjazem aos processos, e que o processo de abstração é um momento da análise que busca, como objetivo final, dar conta de totalidades complexas ou, na linguagem de Marx, de um "concreto" enquanto "síntese de múltiplas determinações".[42] No entanto, surge a pergunta: como definir ou delimitar quais são aqueles "conceitos simples" que permitem revelar a articulação específica que define a sociedade?

Para responder a essa questão Marx observa um critério fundamental: "Em todas as formas de sociedade existe uma determinada produção que atribui a todas as outras o seu correspondente alcance (e) influência, e cujas relações, portanto, atribuem a todas as outras o alcance e a influência",[43] de modo que "seria [...] errado alinhar as categorias econômicas na ordem em que foram historicamente determinantes". Ao contrário, "sua ordem de sucessão está [...] determinada pelas relações que existem entre elas na moderna sociedade burguesa [...]",[44] e nessa sociedade o capital é "a

---

[39] Sweezy, P. *Teoría del desarrollo capitalista*. México: FCE, 1945, p. 28. [N. T.: ed. bras. cit.]
[40] Gil Antón, M. *Conocimiento científico y acción social*: crítica epistemológica a la concepción de ciencia en Max Weber. Barcelona: Gedisa Editores, 1997, p. 63.
[41] Weber, M. *Ensayos sobre metodología sociológica*. Buenos Aires: Amorrortu editores, 1973, p. 82 (grifo do autor). [N. T.: ed. bras. cit.]
[42] Marx, K. *Grundrisse, op. cit.*, v. I, p. 21.
[43] Marx, K. *Grundrisse, op. cit.*, v. I, p. 27-28.
[44] Marx, K. *Grundrisse, op. cit.*, v. I, p. 28-29.

potência econômica que domina tudo".⁴⁵ Estabelecido esse ponto de partida, o processo de abstração implica, portanto, *privilegiar a relação social capital-trabalho*,⁴⁶ deixando de lado, nessa etapa do trabalho de pesquisa, todas as demais relações sociais que possam se apresentar na sociedade burguesa (como a renda da terra, que será abordada posteriormente em *O capital*). Contudo, *a própria relação social capital-trabalho deve ser levada a seus elementos mais simples*. Ela é uma relação de troca, de modo que a análise dos produtos destinados à troca, as mercadorias – em uma sociedade "que aparece para nós como um 'imenso arsenal de mercadorias' e [que tem] a mercadoria como sua *forma elementar*"⁴⁷ –, se converte no elemento por onde iniciar a decomposição e recomposição da "anatomia da moderna sociedade burguesa". Será, então, o estudo da mercadoria o ponto de partida da exposição que Marx apresenta em *O capital*, já que nela se concentra a contradição entre valor (de troca) e valor de uso, ponto nodal para compreender – numa sociedade na qual a força de trabalho assume a forma de mercadoria – a origem do mais-valor.

Esse ponto de partida na exposição – a mercadoria – só adquire sentido na medida em que já se respondeu, no âmbito da pesquisa, à questão de quais são os elementos simples "de uma determinada produção que atribui a todas as outras seu correspondente alcance (e) influência". Nas palavras de Kosík, "a mercadoria podia ser o

---

45   Marx, K. *Grundrisse*, *op. cit.*, v. I, p. 28.
46   Para diferenciar "na complicada rede de fenômenos sociais", Marx encontrou um "critério objetivo" para destacar "os fenômenos importantes dos que não eram", e tal critério é "destacar as relações de produção como estrutura da sociedade [...]". Lenin, V. I. "Quiénes son los 'amigos del pueblo'". *Obras completas*. México: Ediciones Salvador Allende, 1978, v. I, p. 150. Luporini retoma esse texto de Lenin para fundamentar a ideia do relacional como ponto central para diferenciar "o importante" do "não importante" na análise de Marx. Ver "Dialéctica marxista e historicismo", em: *El concepto de "formación económico-social"*, de C. Luporini *et al.* Córdoba: Cuadernos de Pasado y Presente, n. 39, 1973.
47   Marx, K. *El capital*, *op. cit.*, v. I, p. 3 (grifo do autor).

ponto de partida da exposição científica porque *o capitalismo já era conhecido em seu conjunto*".[48] A exposição, portanto, está subordinada aos resultados da pesquisa.[49]

Mais sobre o método e a investigação

Do que foi apontado anteriormente, podemos concluir que *o método de conhecimento* em Marx implica partir das representações iniciais, o concreto representado, para passar à separação e à análise de elementos simples, processo de abstração que permita decifrar as articulações específicas e, a partir delas, reconstruir "uma rica totalidade" com "suas múltiplas determinações e relações",[50] isto é, um novo concreto, porém diferente do inicial, na qualidade de "síntese" e "unidade do diverso" que organiza e hierarquiza as relações e processos, o que nos revela e explica a realidade social. Esse método constitui uma das mais importantes contribuições de Marx para a teoria social e para a Economia Política em particular,[51] de modo que convém observar – além do que já foi indicado sobre o processo de abstração – outros elementos para sua melhor compreensão. Vista a produção de Marx em seu conjunto, destaca-se que sua chegada aos problemas expostos em *O capital* é realizada por "aproximações sucessivas", isto é, o autor

---

[48] Kosík, K. *Dialéctica de lo concreto*. México: Grijalbo, 1968, p. 198 (grifo nosso).
[49] Com isto, discordamos daqueles que afirmam que "a interpretação correta do método de Marx em *O capital* está indissoluvelmente ligada ao conceito da 'exposição'". Schmidt, A. "Sobre el concepto cognitivo de Economía Política". Em: *La crítica de la economía política, hoy*, de Rosdolsky, R. *et al*. México: Universidad Autónoma de Puebla, 1983, p. 70. Isso é confundir o problema do método de pesquisa, que é o *que permite chegar aos resultados*, com sua exposição, que se refere a *como expor esses resultados*. Na seção seguinte, "O lógico e o histórico", na página 112, abordamos um dos debates centrais em torno deste último ponto.
[50] Marx, K. *Grundrisse, op. cit.*, v. I, p. 21.
[51] Ver, nesse sentido: Rosdolsky, R. "Observaciones sobre el método de El capital", em Rosdolsky, R. *La crítica de la economía política, hoy*. México: Universidad Autónoma de Puebla, 1983.

vai definindo os problemas de pesquisa e encontrando soluções que o lançam, por sua vez, à formulação de novos problemas e à busca de novas soluções.

O próprio Marx se encarrega de dar conta desse processo. No prefácio da *Contribuição à crítica da Economia Política*,[52] repassa seus estudos de Economia Política e os êxitos alcançados em diferentes etapas de suas pesquisas. Observa ali que, nos *Anais franco-alemães de 1844* (que reúne entre outros dois de seus trabalhos, "Sobre a questão judaica" e "Contribuição [ou Introdução] à crítica da filosofia do direito de Hegel"), expõe uma *"pesquisa (que) desemboca no (seguinte) resultado*: [...] tanto as relações jurídicas como as formas de Estado não podem ser compreendidas por si mesmas nem pela chamada evolução geral do espírito humano, mas radicam, ao contrário, nas condições materiais de vida cujo conjunto resume Hegel [...] sob o nome de 'sociedade civil', e que a anatomia da sociedade civil deve ser buscada na Economia Política".[53] Da jurisprudência, da filosofia e da história, Marx iniciava o giro em direção à Economia Política, e de suas primeiras pesquisas nesse terreno concluiu que na anatomia da economia da sociedade (que aqui chama ainda, em termos hegelianos, de "sociedade civil") se radica a explicação necessária dos processos sociais e políticos.

Estamos ainda muito longe de desvendar "a anatomia da sociedade burguesa". Entretanto, foi alcançado um resultado que se constitui no primeiro passo naquela direção. A investigação prossegue.

Em 1846, foi produzido um salto de qualidade significativo: Marx e Engels escrevem em Bruxelas *A ideologia alemã*, obra que,

---

[52] Marx, K.; Engels, F. *Obras Escogidas* em três volumes. Moscou: Editorial Progreso, v. I, p. 516-20. [N. T.: ed. bras. cit.]
[53] Marx, K. *Prólogo a la Contribución...*, *op. cit.*, p 517 (grifo nosso). [N. T.: ed. bras. cit.]

segundo Mandel, "funda a teoria do materialismo histórico".[54] O informe de Marx sobre esse trabalho é muito relevante:

> O *resultado geral* a que cheguei e que, uma vez obtido, serviu de fio condutor aos meus estudos, pode ser resumido assim: na produção social de sua vida, os homens contraem determinadas relações necessárias e independentes de sua vontade, relações de produção, que correspondem a uma determinada fase de desenvolvimento de suas forças produtivas materiais. O conjunto dessas relações de produção forma a estrutura econômica da sociedade, a base real sobre a que se levanta a superestrutura jurídica e política e a que correspondem determinadas formas de consciência social. O modo de produção da vida material condiciona o processo da vida social, política e espiritual em geral [...].

E prossegue:

> Ao chegar a uma determinada fase de desenvolvimento, as forças produtivas materiais da sociedade entram em contradição com as relações de produção existentes [...]. De formas de desenvolvimento das forças produtivas, essas relações se convertem em suas travas. E assim se abre uma época de revolução social.[55]

Deve-se destacar que o prefácio de Marx citado anteriormente foi escrito em 1859, quando o autor estava prestes a começar a

---

[54] Mandel, E. *La formación del pensamiento económico de Marx*. México: Siglo XXI, 1968, p. 33-4. Esta opinião é compartilhada por G. Therborn. Ver: *Ciencia, clase y sociedad*, op. cit., p. 332. Mandel considera que esta é uma obra filosófica, enquanto Alfred Schmidt se pergunta: "Que tipo de livro é *A ideologia alemã*? É uma obra econômica, filosófica, sociológica? Creio que este trabalho não se deixa enquadrar em nenhuma categoria. É uma análise da situação social em seu conjunto". Em "Sobre el conceptivo cognoscitivo de la crítica de Economía Política", no livro *La crítica de la economía política, hoy*, de R. Rosdolsky *et al.*, op. cit., p. 90. Me inclino à posição de Schmidt nesse ponto.

[55] Marx, K. *Prólogo a la Contribución a la crítica... op. cit.*, p. 517-8. Sublinho "resultado geral" para enfatizar que estamos diante de conclusões de uma pesquisa. Elas abrem a porta para prosseguir com novas pesquisas, o que é feito por Marx. Frente à demora na publicação de *A ideologia alemã*, Marx diz que "entregamos o manuscrito à crítica roedora dos ratos, de muito bom grado, pois nosso objetivo principal: esclarecer nossas próprias ideias, tinha sido alcançado". *Prólogo... op. cit.*, p. 519.

redação de *O capital* e em um período em que já havia produzido obras maiores, como a *Crítica da Economia Política* e os *Grundrisse*, ou seja, em sua etapa de maior maturidade intelectual.

Nesse contexto, Marx realiza uma análise econômica a partir da qual busca compreender as relações contraditórias do conjunto da sociedade burguesa (o econômico, o político, o social e o ideológico) para chegar a uma tese sobre o desenvolvimento da crise dessa sociedade e de sua revolução. É importante destacar isso porque o Marx maduro, crítico da Economia Política, nunca relega a visão geral da sociedade, assim como o tema da mudança e da revolução.[56] Sua concepção dialética da realidade como uma unidade contraditória o impede disso.[57] Mais ainda: as teses anteriores são consideradas o "fio condutor" dos trabalhos posteriores. Em 1847 e com novas investigações em curso, Marx publica *Miséria da filosofia*, primeira obra que considera uma exposição científica de sua tese.[58] Mas tem muito mais. Mandel sustenta que nessa obra já não cabe dúvidas de que Marx aceita a teoria do valor-trabalho como resultado "do aprofundamento dos estudos econômicos [...] e de uma superação analítica das contradições que acreditava

---

[56] Pelo contrário, dando conta da conexão entre os três livros de *O capital*, Marx escreve a Engels em 30 de abril de 1868: "Chegamos, por fim, às formas externas que servem de ponto de partida ao economista vulgar, a renda da terra [...]; o lucro [...]; o salário [...]; aquelas três (formas) [...] constituem as fontes de rendas das três classes, quais sejam, os latifundiários, os capitalistas, os operários assalariados, *temos como final de tudo a luta de classes*, onde vem desembocar todo o movimento e que nos dá a chave para acabar com este lixo [...]". Citado por Kosik, K. *Dialéctica de lo concreto*. México: Grijalbo, 1967, p. 203, nota de rodapé (grifo nosso).

[57] Em relação à dialética, Lenin aponta que "a formulação de Marx e Engels, partindo de Hegel, é muito mais vasta, mais rica de conteúdo", acrescentando que é "um desenvolvimento que não se dá em linha reta, mas em espiral [...]; um desenvolvimento em saltos através de catástrofes e de revoluções, que são outras tantas 'interrupções no processo gradual', outras tantas transformações da quantidade em qualidade [...]". Lenin, "Carlos Marx", em Lenin, V. I. *Obras Escogidas*, três volumes, Moscou: Editorial Progreso, 1961, v. I, p. 31.

[58] *Prólogo de la Contribución... Op. cit.*, p. 519.

ter descoberto anteriormente nessa teoria [...]".[59] A exposição de Mandel sobre essa "superação" é interessante:

> O que havia incomodado Marx, na ocasião de seu primeiro encontro com Ricardo e toda a escola clássica, era a oposição aparente entre os efeitos da concorrência (as flutuações dos preços eram resultado do jogo da lei de oferta e demanda) e a estabilidade relativa do "valor de troca" determinado pela quantidade de trabalho necessário para sua produção [...].

Os preços do mercado variam constantemente [...]. Um momento de reflexão, assim como o exame empírico da realidade econômica revelam que essas flutuações não se efetuam, de nenhuma maneira, ao acaso, mas sim em torno de um eixo determinado [...]. Empiricamente se descobre que os custos de produção são o eixo das flutuações dos preços.[60] Superadas as reticências à proposta de Ricardo, Marx se distancia dele "num ponto de importância capital"[61] ao destacar o "erro dos economistas burgueses que pretendem descobrir nessas categorias econômicas leis eternas, e não leis históricas, que são leis apenas para um determinado desenvolvimento histórico, para um determinado desenvolvimento das forças produtivas".[62] "A elaboração de sua teoria do materialismo histórico [...] havia permitido (a Marx) ao mesmo tempo descobrir o 'núcleo racional' da teoria do valor-trabalho, seu *caráter historicamente limitado*".[63] Marx retoma seus estudos da Economia Política em 1850 em Londres, onde decide "voltar a começar do início", porém melhor armado teoricamente, o que o ajudará a chegar em resultados importantes

---

[59] Mandel, E. *La formación del pensamiento económico de Marx. Op. cit.*, p. 45.
[60] Mandel, E. *Op. cit.*, p. 45-46.
[61] Mandel, E. *Op. cit.*, p. 48.
[62] Carta de Marx a Annekov, 28 de dezembro de 1846, *apud* Mandel, E. *Op. cit.*, p. 48.
[63] Mandel, E. *Op. cit.*, p. 48 (grifo do autor).

na tarefa de isolar ou abstrair conceitos simples, para analisá-los profundamente e voltar a reconstruir totalidades maiores, cada vez mais reveladoras e explicativas da anatomia da sociedade burguesa.

Na segunda metade dos anos 50 do século XIX, Marx já tinha elaborado a maioria das categorias que constituiriam suas contribuições mais importantes à Economia Política, as quais seriam expostas com maior ou menor detalhe na *Contribuição à crítica da Economia Política* (1858); nos *Grundrisse* (1857-1858) e nas *Teorias da mais-valia* (1861-1863), obras que antecedem a publicação de *O capital*.[64] No entanto, antes das três últimas obras mencionadas, a noção de mais-valor não aparece em seus escritos, nem mesmo no *Manifesto comunista*, e só se faz presente em *O capital*. Uma vez alcançada essa categoria, alcançou-se o ápice de uma etapa fundamental dos esforços para conseguir uma síntese da anatomia da sociedade burguesa, que agora poderia ser exposta. Essa é a razão pela qual *O capital* deve ser considerado como a obra de maior maturidade intelectual de Marx.

As contribuições de Marx para a Economia Política poderiam ser resumidas nos seguintes pontos:

1) A formulação da noção de *trabalho abstrato*, isto é, "a substância criadora de valor",[65] diferente do trabalho concreto, criador de valor de uso. "Ninguém até agora havia colocado em relevo criticamente este duplo caráter do trabalho representado pela mercadoria." E "este ponto é o eixo em torno do qual gira a compreensão da Economia Política [...]".[66]

---

[64] O primeiro livro é publicado em 1867, editado pelo próprio Marx. Os livros II (1885) e III (1894) são editados por Engels.
[65] Marx, K. *El capital*, op. cit., v. I, p. 6.
[66] Marx, K. *El Capital*, op. cit., v. I, p. 9.

2) A *distinção entre valor de troca e valor de uso da força de trabalho*, ponto fundamental, por sua vez, para compreender o seguinte:

3) *mais-valor*, enquanto valor que ultrapassa o valor de troca da força de trabalho e que é obtido quando a força de trabalho é usada pelo capital.

Cada processo de pesquisa foi produzindo seus próprios resultados. Nesse sentido, o concreto representado da pesquisa posterior era cada vez mais complexo e partia de problemas, perguntas e ferramentas conceituais mais sofisticadas ou depuradas. O processo de abstração, por sua vez, se desenvolve em torno de conceitos que buscam dar conta dos núcleos organizativos e dinâmicos da sociedade burguesa: mercadorias, trabalho, valor, mais-valor, capital, lucro etc., analisados de maneira simples, isolados dos elementos que perturbam sua compreensão no quadro de relações do sistema. Assim, Marx foi alcançando sínteses ou totalidades cada vez mais concretas da anatomia da sociedade burguesa.

Dessa perspectiva, a obra de Marx em seu conjunto poderia ser percebida também como um único e grande projeto de pesquisa; no entanto, se perderia de vista o problema das descobertas parciais, que foram orientando as investigações em direções que inicialmente não eram contempladas, ou que o obrigaram a "voltar a começar do início".[67] *O capital* mesmo, do primeiro ao terceiro volume, é uma obra que se move de maiores a menores níveis de abstração. Sendo em geral uma obra que, em seu conjunto, é muito abstrata (no sentido da abstração que expusemos aqui), na medida em que a exposição avança vai incorporando novos elementos que permitem uma maior aproximação com a realidade. Os valores se convertem em preço: o valor da força de trabalho se traduz em salário; o mais--valor, em lucro, e este, em lucro médio, em função da concorrência.

---

[67] *Prólogo de la Contribución...*, op. cit., p. 519.

O lógico e o histórico

Temos, assim, um movimento em espiral cada vez mais envolvente. Esse movimento também se faz presente no terreno da conjugação do lógico e do histórico, ao qual os permanentes tempos abordados por Marx se referem, desde o primeiro volume de *O capital*, para significar a partir da história o tema abordado teoricamente.[68] A partir dessa perspectiva, o tratamento teórico dos problemas se fortalece com a sua manifestação e seu desenvolvimento histórico e do modo como eles se imbricam na análise. Não existe em Marx, portanto, a preeminência de um método lógico (o que quer que isso signifique) sobre um método histórico, problema que propiciou um intenso e extenso debate entre marxólogos.[69] Considerando o objetivo da pesquisa que, dito de maneira rápida, pode ser sintetizado no esforço de desvendar a anatomia da sociedade burguesa, o lógico e o histórico andam juntos, *nos limites – e para os fins – desse propósito*. Não se deve esquecer que *Marx não busca constituir uma história geral*, e sim resgatar apoios na realidade que o auxiliem a compreender a organização e dinâmica da sociedade capitalista. Para resolver esse dilema, recupera as perspectivas históricas, deixando pelo caminho "outras histórias" que não busquem compreender e explicar aquele problema fundamental.[70]

---

[68] Onde podemos mencionar, apenas em relação ao primeiro volume, os capítulos históricos sobre a jornada de trabalho (capítulo VII); o capítulo XII sobre a origem da manufatura e da divisão do trabalho; e o capítulo XIII sobre a maquinaria e a grande indústria; até o capítulo XXIV, sobre a acumulação primitiva.

[69] Apenas como exemplo, ver os materiais reunidos no livro *La crítica de la economía política, hoy*, (Colóquio de Frankfurt), de Rosdolsky, R.; Poulantzas, N. *et al*. México: Universidad Autónoma de Plueba, 1983.

[70] "[...] o único método indicado era o lógico. Mas esse não é, em realidade, mais do que o método histórico, desprovido unicamente de sua forma histórica e das contingências perturbadoras". Engels, F. "Marx. Contribución a la crítica de la economía política", em Marx, K.; Engels, F. *Obras escogidas* em três volumes, *op. cit.*, v. I, p. 528.

"A sociedade burguesa" – escrevia – "é a mais complexa e desenvolvida organização histórica da produção. As categorias que expressam suas condições e a compreensão de sua organização permitem ao mesmo tempo compreender a organização e as relações de produção de todas as formas de sociedade passadas [...]." Dessa perspectiva, "a anatomia do homem é a chave para a anatomia do macaco", de sorte que "a economia burguesa fornece a chave da economia antiga etc. Contudo, certamente não do modo dos economistas, que apagam todas as diferenças históricas e veem a forma burguesa em todas as formas de sociedade".[71] É "o capital [...] a potência econômica que domina tudo na sociedade burguesa". Portanto, "deve ser o ponto de partida e o ponto de chegada [...]".[72]

A mercadoria *se converte, assim, no início lógico e histórico da exposição*.[73] Lógico, pois a mercadoria contém em si a dupla dimensão do valor (de troca) e do valor de uso, chave para desvendar a gestação do mais-valor numa sociedade onde a força de trabalho assume a forma de mercadoria, com a particularidade de que seu uso gera um valor superior ao seu valor de troca. Histórico, pois na produção mercantil simples já se faziam presentes os nós que – desatados pela análise – permitem explicar o funcionamento da produção mercantil capitalista. Definitivamente, é na mercadoria onde está a ponta do novelo que permite desvendar as chaves da relação social capital-trabalho, suporte da organização social capitalista.

Níveis de abstração

Como vimos, o processo de abstração é um momento do processo de pesquisa, intermediário e necessário, que torna possível

---

[71] Marx, K. *Grundrisse*, op. cit., v. I, p. 26.
[72] Marx, K. *Grundrisse*, op. cit., v. I, p. 28.
[73] "[...] a mercadoria podia ser o ponto de partida da exposição científica porque já se conhecia o capitalismo em seu conjunto". Kosík, K. *Dialéctica de lo concreto*. México: Grijalbo, 1967, p. 198.

passar do concreto representado ao concreto sintetizado, à totalidade com múltiplas determinações.

Quando falamos de níveis de abstração nos referimos à totalidade que se reconstrói através do conhecimento e da consideração de uma realidade simplificada (mais abstrata) ou uma mais complexa (menos abstrata). Definitivamente, existem totalidades com diversos graus de abstração. No marxismo, podemos distinguir as seguintes: modo de produção, modo de produção capitalista, sistema mundial, padrão de reprodução do capital, formação social e conjuntura.

Na qualidade de teoria e metodologia, o marxismo pode ser considerado um *corpus* unitário. No entanto, isso não significa que dentro de sua unidade não existam elementos teóricos e metodológicos diferenciadores, sendo os níveis de abstração um fator fundamental nesse sentido. Quanto menos abstrata for a totalidade (ou concreto sintetizado) que se busca construir no nível do conhecimento, a análise deverá incorporar uma quantidade maior de categorias, conceitos e relações dos níveis mais abstratos, ao mesmo tempo que exigirá categorias particulares e metodologias específicas para alcançar suas finalidades, bem como uma maior quantidade de dados da realidade processados à luz dos elementos anteriores. Desse modo, de um menor nível de abstração passamos a níveis de complexidade maiores.

Assim, a totalidade na análise de conjuntura, que implica o manuseio de referências da realidade em sua expressão mais aproximada e de curto prazo, deve contar com todo o arsenal teórico e metodológico dos níveis mais abstratos como condição necessária. Porém, isso não é suficiente, de modo que deverá desenvolver categorias apropriadas para esse nível de abstração, especificamente para processar aquelas.

Quando falamos de níveis menos abstratos, falamos de reconstruções mais complexas de uma realidade mais concreta e ali nos encontramos, por exemplo, com o fato de que em nenhuma sociedade capitalista existem somente três classes, como ocorre no nível de abstração do modo de produção capitalista, onde temos apenas operários, capitalistas e latifundiários.[74] Às três classes anteriores teria que ser acrescentada a pequena burguesia, o campesinato e as diferentes frações e setores que subdividem cada uma delas.

Exigências iguais são levantadas quando nos propomos a analisar, em níveis menos abstratos, problemas como a tendência à queda da taxa de lucro, a pauperização (absoluta ou relativa) ou as crises, para enunciar apenas alguns problemas relevantes. Nesse sentido, *as formulações de Marx em* O capital *são absolutamente necessárias, mas insuficientes para aplicá-las a situações históricas específicas.*

Um dos problemas na análise de alguns pensadores marxistas reside na dificuldade de realizar as mediações, isto é, de estabelecer as pontes dos níveis mais abstratos aos menos abstratos, e não ficar "preso" aos conceitos dos primeiros quando se quer fazer análises de totalidades mais concretas. Propor o problema das mediações supõe assumir primeiramente a existência de níveis de abstração diferenciados e situar as perguntas de pesquisa, questões que nem sempre ocorrem.

Conclusão

Os pressupostos com os quais Marx enfrenta os problemas de como os homens fazem história, resolvem suas necessidades econômicas e atuam em sociedade, e de como chegar ao conhecimento

---

[74] Sobre isso, Marx se pergunta: "o que converte os operários assalariados, os capitalistas e os latifundiários em elementos das três grandes classes sociais? [...] Trata-se de três grandes grupos sociais cujos componentes, os indivíduos que os formam, vivem respectivamente de um salário, do lucro ou da renda da terra, isto é, da exploração da força de trabalho, de seu capital ou de sua propriedade territorial". *El capital*. México: FCE, v. III, 1946, p. 817.

da realidade social, diferem radicalmente dos que se encontram na base dos paradigmas econômicos neoclássicos, da sociologia da ação social, assim como da ciência política da *rational choice*, os quais predominam hoje nos programas de estudo e de pesquisa na academia.

Enquanto os pressupostos dos principais paradigmas do debate atual não forem discutidos, seus seguidores poderão seguir polemizando (quando não simplesmente ignorando), mas sem adentrarem na raiz que marca suas diferenças, que se colocam frente à realidade a partir de posições diversas, o que propicia ver "agentes" e processos distintos, assim como estabelecer *horizontes de visibilidade diversos*.

Dessa perspectiva, as diferenças entre o marxismo e os paradigmas como os mencionados anteriormente são profundas e vão além do problema de dar nome às "coisas" ou aos "processos". Por detrás dos conceitos e categorias empregadas por uns e por outros existem divergências a respeito do que e de como conhecer.

Referências

BLOCH, M. *Introducción a la historia*. México: Fondo de Cultura Económica, 1987.

COLLETI, L. *El marxismo y el "derrumbe" del capitalismo*. Cidade do Méxio: Siglo XXI Editores, 1978.

GIL ANTÓN, M. *Conocimiento científico y acción social:* crítica epistemológica a la concepción de ciencia de Max Weber. Barcelona: Gedisa, 1997.

KOSIK, K. *Dialéctica de lo concreto*. México: Editorial Grijalbo, 1967.

LUPORINI, C. et al. *El concepto de "formación económico-social"*. Cuadernos de Pasado y Presente, n. 39. Argentina: Córdoba, 1973.

MANDEL, E. *La formación del pensamiento económico de Marx*. Cidade do México: Siglo XXI Editores, 1968.

MARX, K., *Grundrisse*. Cidade do México: Siglo XXI Editores, 1971.

MARX, K. *El capital*. México: Fondo de Cultura Económica, 1946.

MARX, K. *Teorías sobre la plusvalía*. México: Fondo de Cultura Económica, 1980.

MARX, K. "El 18 Brumario de Luis Bonaparte". *In:* MARX, K.; ENGELS, F. *Obras escogidas*, três volumes. Moscou: Editorial Progreso, 1980.

MARX, K.; ENGELS, F. *Obras escogidas*, três volumes. Moscou: Editorial Progreso, 1980.

MORIN, E. *Introducción al pensamiento complejo*. Barcelona: Gedisa, 1998.
ROEMER, J. (org.). *El marxismo: una perspectiva analítica*. México: Fondo de Cultura Económica, 1989.
ROSDOLSKY, R. *Génesis y estructura de* El capital *de Marx*. Cidade do México: Siglo XXI Editores, 1978.
ROSDOLSKY, R. *et al*. *La crítica de la economía política, hoy (Coloquio de Frankfurt)*. México: Universidad Autónoma de Puebla, 1983.
RUBIN, I. I. *Ensayos sobre la teoría marxista del valor*. Cuadernos de Pasado y Presente n. 53. Argentina: Córdoba, 1974.
SCHWARTZ, P. C. Rodríguez *et al*. *Encuentro con Karl Popper*. Madri: Alianza Editorial, 1993.
SWEEZY, P. *Teoría del desarrollo capitalista*. México: Fondo de Cultura Económica, 1945 (1974, 8. reimp.).
THERBORN, G. *Ciencia, clase y sociedad*. Madri: Siglo XXI Editores, 1980.
VALENZUELA FEIJÓO, J. "El fracaso de la teoría económica convencional". *In: Argumentos*, n. 23, Universidad Autónoma Metropolitana-Xochimilco, set. 1995.
WALLERSTEIN, I. (org.). *Abrir las ciencias sociales*. México: Siglo XXI Editores, 1996.
WEBER, M. *Ensayos sobre metodología sociológica*. Buenos Aires: Amorrortu editores, 1973.

V. CLASSES SOCIAIS E LUTA DE CLASSES[1]

> *"Na produção social de sua existência, os homens estabelecem determinadas relações, necessárias e independentes de sua vontade, relações de produção [...]."*
> Karl Marx, prefácio à *Contribuição à crítica da Economia Política*.[2]

> *A Economia não trata de coisas, mas de relações entre pessoas e, em última instância, entre classes...*
> Friedrich Engels, em *Karl Marx: contribuição à crítica da Economia Política*.

As sociedades se apresentam como um número imenso de indivíduos que desenvolvem diversas atividades. Após essa primeira aproximação, que nos oferece um quadro variado e heterogêneo, devemos assinalar que na sociedade operam relações sociais de tipos muito diversos, como as de produção, de dominação ou ex-

---

[1] Tradução de Gabriel Oliveira de Carvalho Senra.
[2] [N. T.: ed. bras. cit.]

ploração, relações que organizam os indivíduos em agrupamentos humanos distintos, porém relacionados entre si justamente pelas relações sociais que os constituem.

Quando apontamos que esses agrupamentos humanos estão relacionados, nos referimos a relações no sentido rigoroso do termo, isto é, que a condição social ou as posições de uns têm consequências na condição social e nas posições de outros. E em um sentido ainda mais forte: que a existência social de uns depende da existência social de outros. Por exemplo, nos nossos dias, a burguesia não poderia existir sem o proletariado. E este, por sua vez, não poderia existir sem a burguesia.

As classes sociais constituem a noção sociológica fundamental. Mas, enquanto dimensão de uma unidade diferenciada, não se pode entender as classes sociais sem aludir a elementos de outras dimensões da vida em sociedade, como a economia e a política.

Quantas classes sociais?

Nos diversos textos em que Marx se refere às classes sociais, elas se apresentam em diferentes números. No *Manifesto comunista*, fala-se de duas: classes dominantes e classes dominadas, ou exploradores e explorados; em *O capital*, Marx fala de três agrupamentos: os que vivem do lucro, os que vivem da renda da terra e os que vivem de salários. Assim teríamos as três classes do modo de produção capitalista: a burguesia, os proprietários de terras e o proletariado. Em outros textos, como O *18 de brumário de Luís Bonaparte*, às três classes anteriores se somam o campesinato e a pequena burguesia.

A primeira coisa a apontar é que Marx não se contradiz nessa aparente confusão: o que ocorre é que cada um dos textos antes mencionados se refere a distintos níveis de abstração no entrelaçamento que conforma a teoria marxista. Os níveis de maior abstração ou menos concretos assumem os elementos mais simples, mas decisivos, para explicar a organização da vida social ou o devir da história. Os níveis mais concretos ou de menor abstração assumem um maior número de determinações e processos que operam na vida social. Isso nos mostra que o concreto está determinado (condicionado) por mais muitos processos e fatores.

Observando a longa história da humanidade, ao menos desde que existem classes sociais, ela se apresenta como a história da luta de classes entre grandes agrupamentos humanos que se enfrentam: dominadores e dominados, exploradores e explorados. Por isso, no *Manifesto comunista*, se aponta: "A história de todas as sociedades até hoje existentes é a história da luta de classes. [...] Homem livre e escravo, patrício e plebeu, senhor feudal e servo [...], em resumo, opressores e oprimidos, em constante oposição, têm vivido numa guerra ininterrupta [...]".[3]

Se falamos de um período particular dessa longa história, de um modo de produção específico, onde o capital é a potência que domina tudo, junto à classe que se apropria diretamente do mais-valor aparece a classe proprietária da terra, que se apropria da renda da terra, e a classe que vive da venda da força de trabalho em troca de salário, as três classes fundamentais do modo de produção capitalista.

Por fim, quando o nível é ainda mais concreto, como quando Marx analisa uma formação social capitalista concreta, como a francesa, em um momento ou conjuntura particular, agregam-se às classes fundamentais outras que formam parte seja de relações sociais prévias ao capitalismo e que este incorpora, reproduzindo--as e redefinindo-as em uma nova totalidade concreta, como o

---

[3] Marx, K.; Engels, F. "Manifiesto comunista", em: *Obras escogidas*. Moscou: Progreso, 1980, p. 111. [N. T: Edição brasileira: Marx, K.; Engels, F. *Manifesto do partido comunista*. São Paulo: Boitempo, 1998.]

campesinato ou a pequena burguesia artesanal, seja de relações sociais secundárias, mas necessárias ao capitalismo, como as que constituem a pequena burguesia assalariada. Inclusive fazem sua aparição frações de classe e setores de classe.

O que são as classes sociais?

Seguindo Lenin,[4] referindo-nos ao capitalismo, diremos que as classes sociais são grandes agrupamentos humanos que se diferenciam entre si pelos seguintes critérios:

a) pelo papel que desempenham em um sistema de (re)produção social historicamente determinado, seja como dominadores ou dominados, seja como exploradores ou explorados. A pergunta que deverá acompanhar a proposição anterior é: de que maneira? O domínio e a exploração não se desenvolvem da mesma forma no capitalismo que em organizações sociais anteriores;

b) pelas relações de propriedade ou não propriedade que desenvolvem frente aos meios de produção, sejam terras, máquinas, ferramentas ou matérias-primas. Essas relações nos apresentam agrupamentos humanos que são proprietários de meios de produção e agrupamentos humanos que não o são;

c) pelo papel que desempenham na divisão social do trabalho, onde temos grupos que desenvolvem principalmente o trabalho intelectual e outros que fundamentalmente desenvolvem o trabalho manual.[5] Também temos aqueles

---

[4] Lenin, V. I. "Una gran iniciativa". Em: *Obras escogidas*, v. III. Moscou: Progreso, 1961, p. 228 [N. T.: publicado no Brasil como "Uma grande iniciativa", em *Obras escolhidas*. Volume 3. São Paulo: Alfa Ômega, 1980, p. 139-60.]

[5] Não pode existir trabalho intelectual sem que exista alguma atividade relacionada ao trabalho manual. E não pode haver trabalho manual sem alguma porção de trabalho intelectual. Porém aqui o importante é qual alcança maior peso na atividade dos agrupamentos humanos.

que controlam e aqueles que não controlam os processos produtivos e os processos de dominação.

O controle dos processos produtivos pode ser exercido sem necessariamente realizar mais trabalho intelectual: tal é o caso de um capataz em uma indústria, que aparecerá mais ligado ao trabalho manual que intelectual. Também é possível desenvolver posições de controle dos processos de dominação, sem ser a classe dominante, como é o caso da alta e média burocracia estatal em geral;

d) pelo modo que se apropriam da riqueza social. No capitalismo temos as seguintes formas ou modos de apropriação da riqueza social:

- *mais-valor*: expressão monetária do trabalho excedente.
- *renda da terra:* montante de mais-valor do qual se apropriam os proprietários de terras e minas como resultado de serem estes bens irreprodutíveis.
- *salário:* expressão monetária do valor da força de trabalho.
- *apropriação mercantil simples:* M-D-M: o pequeno produtor que produz mercadorias (M), mesas, cadeiras, artesanatos, que as leva ao mercado para sua venda. Com isso recebe dinheiro (D), que lhe permite repor as matérias-primas, ferramentas e demais elementos adequados para seguir produzindo, além disso um montante para adquirir o necessário para subsistir (M). Também o profissional (médico, programador, professor) que desenvolve seu trabalho de maneira independente, se apropria de riqueza como apropriação mercantil simples.

Os modos de apropriação de riqueza expressam relações sociais e nos proporcionam uma grande quantidade de informação a respeito de como está organizada a vida social. A integração dos elementos indicados conforma cinco classes sociais no capitalismo, a saber:

- *burguesia*: classe dominante e exploradora; proprietária de meios de produção; desenvolve trabalho intelectual; realiza controle de processos de produção e de dominação; se apropria de mais-valor;
- *proprietários de terras*: classe dominante e exploradora; proprietária de meios de produção; não produz diretamente, então desenvolve trabalho intelectual na medida em que participa na direção da vida social; não controla os processos produtivos; intervêm nos processos de domínio; se apropria da renda da terra;
- *pequena burguesia:* classe dominada e explorada. Sua fração proprietária de meios de produção (artesãos, por exemplo) realiza trabalho manual e intelectual; exerce controle do processo de produção; aufere apropriação mercantil simples. Sua fração assalariada não é proprietária de meios de produção; realiza trabalho intelectual/manual; exerce controle/não controle de processos produtivos e de dominação; se apropria de salário;
- *campesinato:* classe dominada e explorada; proprietária de meios de produção; desenvolve trabalho manual; exerce controle de seu trabalho em parcelas da terra ou nas terras comuns; leva a cabo uma apropriação mercantil simples;
- *proletariado:* classe dominada e explorada; não é proprietária de meios de produção; realiza trabalho manual; não exerce controle de processos de produção; se apropria de salário.

Quadro 1. As classes sociais no capitalismo

Classes sociais	Lugar na organização social	Proprietária ou não dos meios de produção	Forma de apropriação da riqueza	Lugar na divisão social do trabalho
Burguesia	Dominante	Proprietária	Mais-valor	Intelectual/ controle
Proprietários de terra	Dominante	Proprietária	Renda da terra	Intelectual/ não controle
Pequena burguesia	Dominada/ Dominante	Não proprietária/ Proprietária	Salário/ Mercantil simples	Manual/ não controle Manual/ controle
Campesinato	Dominada	Proprietária	Mercantil simples	Manual/ controle
Proletariado	Dominada	Não proprietária	Salário	Manual/ não controle

É possível que dentro dessas classes alguns de seus componentes possam encontrar-se em situações híbridas, inseridos em relações que os lançam em direção a alguma classe ou fração e em relações que os lançam a outra classe ou fração. Como os camponeses que trabalham certas temporadas suas terras e em outras labutam como trabalhadores agrícolas em terras alheias; ou os profissionais que em uma parte da jornada trabalham como tais sob relações salariais e em outra atendem de maneira independente em consultórios ou escritórios e auferem apropriação mercantil simples.

Um critério para avaliar a condição de classe desses grupos menores é perguntar-se pelo modo de apropriação da riqueza e de controle de processos que tem maior peso em suas condições de existência. Esse será um critério para precisar a classe à qual pertencem.

Em uma análise próxima, esse mesmo critério serve para entender que um grande capitalista pode trabalhar em sua empresa das oito da manhã às dez da noite, diariamente. Será evidente que sua existência social (onde vive, onde estudam seus filhos, que médico consulta, até suas posições políticas em geral) não se explica por seu trabalho, senão pela exploração dos operários que trabalham sob seu comando como capitalista.

Frações de classe

As frações de classe são grupos humanos que se determinam pelo lugar que ocupam na reprodução do capital. Isso é válido para as classes fundamentais, a burguesia e o proletariado, e para a fração assalariada da pequena burguesia. Para a classe dos proprietários de terras, a pequena burguesia proprietária e o campesinato, são operados outros critérios, que especificaremos mais adiante.

Para o caso da burguesia, e tomando a fórmula do ciclo do capital dinheiro, teríamos as seguintes frações:

$$D - M \genfrac{}{}{0pt}{}{Ft}{Mp} \ldots\ldots P \ldots\ldots M' - D'$$

1ª fase de circulação	Fase de produção	2ª fase de circulação
Burguesia bancária financeira	Burguesia industrial mineira florestal	Burguesia comercial agrária

Onde:
D = dinheiro
M = mercadoria
Ft = força de trabalho
Mp = meios de produção
P = produção
M' = mercadorias com valor agregado
D' = dinheiro incrementado

A divisão da burguesia em frações é resultado da especialização das frações em alguma etapa do ciclo do capital, com o fim de acelerar a rotação do capital e, por essa via, multiplicar o mais-valor produzido. Se um mesmo grupo de homens precisa captar dinheiro circulante, investi-lo na produção e tentar vender as mercadorias produzidas, demorará mais tempo do que se cada uma dessas atividades fosse realizada por frações humanas específicas e especializadas em tais tarefas.

Uma questão importante na conformação das diversas frações burguesas é que todas vivem do mais-valor, razão pela qual existem lutas e conflitos entre as frações pela sua distribuição, que podem ter consequências políticas relevantes. O mais-valor recebe nomes diferenciados segundo a etapa da reprodução na qual é auferido: juros, na primeira etapa da circulação; mais-valor na produção; lucro comercial, na segunda etapa da circulação.

Ainda que todas as frações burguesas vivam do mais-valor, nem todas o produzem. O peso que ganham essas frações pode ir de encontro à aceleração de processos de crises. Tal foi a situação recente com a atividade de frações burguesas especulativas estabelecidas no campo da compra-venda de papéis de crédito, dívidas etc., criando o que se caracterizou como bolhas financeiras a partir da multiplicação do capital fictício.

A especialização de grupos humanos em diversos momentos da reprodução do capital não só tem como consequência gerar frações no seio da burguesia. Também tem efeitos pelo menos no campo da pequena burguesia assalariada e no proletariado, criando, por sua vez, frações nesta última classe e subdivisões na pequena burguesia assalariada. Teríamos, assim, frações do proletariado no setor bancário e financeiro, nos setores industrial, agrícola, mineiro ou florestal, e outra no setor comercial.

De particular relevância é o papel da administração estatal na geração de frações pequeno-burguesas assalariadas e, como veremos, de setores de classes. Aparecerá então uma pequena burguesia no setor público-estatal e uma pequena burguesia assalariada no setor privado.

Na classe dos proprietários de terra as frações principais são a proprietária da terra e a proprietária de bens imóveis (edifícios para escritórios, apartamentos), sendo a primeira a renda da terra e a segunda renda de imóveis.

Assim como para as classes, alguns grupos humanos podem ter um pé em mais de uma das atividades próprias a alguma fração de classe. Será a atividade com maior peso em suas condições de existência a que definirá seu lugar tanto na fração de classe onde se situa como na luta de classes.

Setores de classe

Os setores de classe são definidos por critérios referentes à magnitude de meios de produção que possuem ou pela magnitude da riqueza obtida, de acordo com as diferentes formas em que se distribuem as diferentes classes: magnitude de mais-valor ou de meios de produção; de terras ou imóveis e de renda; de salários; de apropriação mercantil simples.

Em relação à burguesia, temos assim uma grande ou média burguesia bancária, industrial ou comercial, e uma burguesia pequena em cada uma de suas frações (não confundir com a pequena burguesia). Em relação ao proletariado, temos um setor com altos salários, outro com salários médios e um terceiro setor com baixos salários em cada fração que o compõe. A noção de setores se aproxima dos critérios das teorias da estratificação. Mas ao ser empregada dentro da complexidade dos critérios para definir as classes e suas frações, acaba sendo redefinida. Falamos de grande burguesia agrária ou de baixo proletariado comercial, e não simplesmente de uma organização social que distingue setores altos, médios e baixos, apagando toda a complexidade das classes e das frações.

As magnitudes que definem os setores sociais em cada classe e fração se redefinem em situações históricas. O que era grande capital no século XIX já não o é no século XX. A consideração de frações e setores de classe nos põe diante dos problemas da heterogeneidade *interna* das classes sociais, para além da heterogeneidade *entre classes*. Isso tem consequências na luta de classes e nos problemas de organização e de ações unificadas das classes para a defesa de seus interesses e posições.

Heterogeneidade do capital

Particularmente em relação à burguesia, a questão da heterogeneidade levanta os seguintes problemas: quando falamos de capital, no fundo nos referimos a múltiplos e diversos capitais e, com isso, ao fato de que são diversos os projetos econômicos/ políticos em seu interior.

Quando a reprodução do capital toma determinado rumo, desenvolvendo certos ramos ou setores econômicos, criando tipos específicos de mercados etc., a pergunta que devemos nos fazer é: quais frações e setores do capital esse projeto beneficia mais? Quais beneficia menos? Quais atinge e busca destruir? E o que torna possível que sejam esses os projetos do capital que se impõem, e por que outros projetos são preteridos? O que possibilita que alguns projetos e interesses alcancem a hegemonia e outros sejam subordinados no interior do capital?

Tudo isso é de grande interesse para compreender os rumos e as modalidades que a reprodução do capital e a vida em comum assumem. Por exemplo, se impõem-se projetos de uma burguesia monopolista voltada à produção de matérias-primas ou alimentos destinados principalmente à exportação e, portanto, tendencialmente desligados da produção de bens-salário, o tipo de vida social comum que se construirá será diferente se forem impostos os projetos de frações e setores burgueses mais ligados aos mercados internos e à produção de bens-salário.

Pequena burguesia não proprietária

Nesta fração, encontram-se os trabalhadores com níveis de qualificação elevados, que tendem a realizar mais o trabalho intelectual do que o manual, e que podem ocupar funções de comando e direção de processos produtivos e de processos de dominação na sociedade. Profissionais e intelectuais constituem seus componentes.

Existem três processos no capitalismo que atribuem a esta fração pequeno-burguesa um peso significante na vida política e social. Um é o fato de que a burguesia é uma classe que tende a deixar a administração do Estado, o aparelho do Estado, em mãos de setores sociais distintos dela mesma, em seu processo de fetichizar e esconder sua dominação. Isso permite que os cargos nos postos mais altos do aparelho de Estado sejam ocupados por profissionais e especialistas provenientes da pequena burguesia.

A democracia liberal que acompanha o capitalismo é uma democracia representativa, sendo os partidos políticos a forma fundamental de representação. À frente dos partidos e atuando na representação, como deputados e senadores, temos novamente setores pequeno-burgueses profissionais ocupando posições relevantes. Os dois elementos apontados permitem afirmar que a pequena burguesia tende a monopolizar importantes espaços de exercício da política no mundo que constrói o capital.

Por último, encontra-se o papel relevante que a ciência e o conhecimento jogam nas sociedades capitalistas, em decorrência das necessidades do conhecimento nas revoluções produtivas exigidas pelo capital. Isso permite com que a ciência e seus detentores tendam a cumprir tarefas de verdadeiras religiões laicas. Com o desenvolvimento da massificação das universidades, a pequena burguesia pôde desenvolver-se ao calor do conhecimento e dos saberes, tirando proveitos significativos desta situação.

Tudo isso dá a essa fração de classe um peso relevante. Encontra-se instalada em territórios de enorme sensibilidade, seja no campo político e de dominação quanto no produtivo. Contudo, essa relevância a coloca em condições de ser adscrita aos projetos do capital, tanto no campo produtivo, ao produzir ou reproduzir saberes para a reprodução material ou ideológica do capital, como nos da dominação, monopolizando a atividade política na estrutura do aparelho estatal e do sistema partidário que a democracia liberal exige.

Nesse processo de adscrição, este operará com mais força quanto mais elevados forem os cargos e as responsabilidades que a pequena burguesia assalariada cumpra nas tarefas de dominação, poder, saber e produção exigidas pelo capital. Não é o mesmo ser secretário de Estado do que ser um funcionário menor em uma secretaria de Estado; ou ser reitor do que um simples professor universitário; ou um gerente de uma empresa do que um profissional a quem se solicita determinadas assessorias.

No entanto, é relevante considerar que é dessa fração da pequena burguesia da qual surgiram muitos intelectuais e dirigentes revolucionários: Marx, Lenin, Trotsky, Gramsci, Fidel, Mariátegui, Allende ou Miguel Enríquez. Isso nos permite distinguir entre a *posição de classe* (a classe à qual se pertence pelas relações sociais nas quais os indivíduos são constituídos) e a *adscrição de classe* (a classe que os indivíduos se vinculam na luta de classes).

A pequena burguesia em seu conjunto não tem projeto de classe com vontade histórica e soberana, que se projete ao futuro. Se é proprietária, tende a ser conservadora. Quer um mundo onde os monopólios não existam. Gostaria de fazer a história retroceder ao estágio do capitalismo competitivo. Se não é proprietária, por causa de sua renda e posição no mundo do capital, aspira a melhores posições nesse mundo. Por isso, é uma classe que se vê atingida pela luta entre as classes com projetos, a burguesia e o proletariado. E é a força dessas classes, na luta de classes, que abre fraturas no seio da pequena burguesia, fazendo com que se desprenda e que alguns grupos se vinculem a um ou outro projeto, particularmente naquelas franjas que o capital não se amarrou previamente, permitindo-lhes ocupar posições relevantes no sistema de dominação ou de produção.

Proletariado ativo, semiativo e inativo

Dissemos que o proletariado é aquele grupo humano despojado de meios de vida e de produção e que tende a viver da venda de sua força de trabalho, pela qual recebe salário, sem ocupar posições de controle nem de trabalho intelectual nos processos de reprodução do capital, nem nos aparelhos de dominação e poder do Estado.

Podemos apontar uma proposta restrita da noção de proletariado, que se ajusta à ideia acima assinalada e que remete particularmente ao que poderíamos chamar de *proletariado ativo*. Mas é possível ampliar a noção referindo-se também ao *proletariado inativo*, aos trabalhadores desempregados, aos *paupers* em geral, ou seja, ao conjunto de despojados dos meios de vida e de produção à disposição do capital para viver como assalariados, independentemente de se as tendências da acumulação tornam essa condição efetiva.

Dessa perspectiva o proletariado inclui não apenas os trabalhadores ativos, como também os semiativos e os inativos, isto é, todos aqueles que formam o exército industrial de reserva ou superpopulação relativa.

O capital encadeia a sorte social de um e outro desses subgrupos do proletariado. Os *suplícios do trabalho*[6] (intensidade, extensão da jornada de trabalho, trabalho infantil, salários insuficientes etc.) do proletariado ativo serão um impulso para que o capital acrescente e expanda o proletariado semiativo e inativo

---

[6] [N. T.: Os termos *tormentos de trabajo* e *tormentos de miseria* foram traduzidos como *suplícios do trabalho* e *suplícios da miséria*, tendo por base a edição da Boitempo de *O capital*. Ver Marx, K. *O capital*: crítica da Economia Política. Livro I. São Paulo: Boitempo Editorial, 2013.]

e, em geral, o polo da miséria. Ao exigir jornadas de trabalho mais longas que as "normais", ou mais intensa, o capital obtém pela maior exploração de um número reduzido de trabalhadores o mais-valor que corresponderia ao trabalho "normal" de um número maior de trabalhadores, favorecendo, assim, o aumento de desempregados.

Por outro lado, os *suplícios da miséria* do proletariado semiativo e inativo serão um estímulo para que o capital amplie os suplícios do trabalho e reduza o salário do proletariado ativo. A presença de uma grande massa de trabalhadores desempregados ou subempregados é uma das condições fundamentais que tornam possível ao capital em economias dependentes sustentar sua acumulação na superexploração, isto é, na permanente apropriação do fundo de consumo e de vida dos trabalhadores, transferindo-os ao fundo de acumulação do capital. Em outras palavras, permite sustentar a reprodução do capital na violação do valor diário ou do valor total da força de trabalho.

Do entrelaçamento entre os suplícios do trabalho e os suplícios da miséria, a valorização do capital surge como resultado do conjunto do proletariado. E, se essa valorização é expropriada por outros grupos humanos, a exploração se constitui então em um processo que recai sobre o conjunto dos *paupers* ou proletários no seu sentido geral.

A relação que o capital estabelece entre suplícios do trabalho e suplícios da miséria, no interior do proletariado, como toda relação social, não é facilmente perceptível por quem é diretamente afetado. Isso permite que o capital incentive a competição e rivalidade entre os setores do proletariado: os ativos contra os inativos; os inativos contra os ativos. Devido à própria organização produtiva, que permite a organização sindical e, portanto, a organização partidária, o proletariado ativo alcançou um papel relevante na luta política nos séculos anteriores.

Contudo, as transformações produtivas ocorridas nas últimas décadas, como o deslocamento e segmentação produtiva, o trabalho precário, sem estabilidade laboral, sem benefícios ou com benefícios cada vez mais reduzidos, aproximaram esses setores proletários das condições gerais de existência do proletariado inativo. Por sua vez, o número crescente do proletariado inativo, bem como o surgimento de organizações em seu interior, com um importante papel nas mobilizações sociais, colocou as condições para uma ruptura das barreiras que o capital estabelece entre o proletariado ativo e inativo, favorecendo uma luta conjunta mais próxima.

Classe em si e classe para si

Todos os indivíduos se encontram inscritos em relações sociais de produção específicas e, assim, em classes sociais específicas, o que define uma posição de classe. Esse pertencimento a uma classe social marcada por relações sociais, independentemente da consciência e do conhecimento da situação, é o que define as *classes em si*. Quando uma parte substantiva dos integrantes de uma classe, com vontade histórica, conhece ou é consciente de sua posição de classe e luta e se organiza pelos projetos políticos que tal posição suscita, dizemos que estamos diante de uma *classe para si*.

O proletariado como negatividade do capital

Existem diversas razões pelas quais o proletariado encarna a negatividade do capital. Sua própria existência social é resultado da reprodução do capital. É um produto genuíno do capital. Mas essa existência está marcada por suplícios de trabalho e miséria, levando essa classe a exigir o fim da ordem existente. Também encarna essa negatividade porque no capitalismo se chegou ao nível máximo de concentração social da propriedade dos meios de produção, e com isso à máxima extensão de privação da população dos meios de produção e meios de vida.

Por essa razão, o proletariado, os *paupers*, os despossuídos totais, constituem a única classe no capitalismo cujos interesses em pôr fim à propriedade privada dos meios de produção e conformar uma ordem social sobre a base da propriedade comum – a expropriação dos expropriadores – coincidem com as condições históricas em que tais reivindicações são possíveis.

Chegar ao comunismo, como ordem social conformada sobre a base da propriedade coletiva e comum dos meios de produção, é, assim, o aprofundamento dos processos históricos aprofundados no próprio capitalismo.

Luta de classes

Denominamos luta de classes o enfrentamento (aberto ou encoberto) entre classes, particularmente entre as classes antagônicas (burguesia e proletariado) no capitalismo. Essa luta não ocorre por razões externas, mas pela própria constituição das classes, na medida em que a sorte social e o desenvolvimento dos interesses da burguesia têm consequências imediatas e substantivas na sorte social e nos interesses políticos e sociais do proletariado. A própria organização econômica, política, social e ideológica predominante, que definimos como capitalista, já é expressão da luta de classes e do fato de que uma das classes (a burguesia) tem a preeminência nessa luta.

Contudo, no capitalismo e nas formações econômico-sociais existem diversas outras classes, com suas frações e setores, o que faz com que a luta de classes se apresente como uma trama complexa, que deve ser organizada no momento da análise, destacando os interesses políticos e sociais em jogo, as alianças e acordos entre classes, aqueles que prevalecem e sob quais condições, e aqueles que acabam subordinados e sob quais condições.

A luta de classes é um processo que atravessa todas as tramas, relações e espaços da vida em sociedade. Nada fica isento de suas ressonâncias e consequências. Portanto, se expressa em todas as dimensões da vida em comum, seja econômica, social, política, cultural, ideológica, no corpo e no espírito, na saúde e nas doenças, na vida e na morte, no consciente e no inconsciente.

Assim como em toda luta em que se encontram em disputa temas substanciais e relevantes, na luta de classes os contendores tendem a fazer uso de todos os recursos disponíveis, seja em termos de organização, representação, espaços, força e persuasão, meios pacíficos e violentos, legais e ilegais, alianças e acordos intraclasses, tudo dependendo do ponto e nível em que os enfrentamentos sociais se encontram e exijam.

Particularidades da luta de classes no capitalismo

No capitalismo, a luta de classes apresenta particularidades que são importantes de ser consideradas por sua incidência no processo que pode levar a vitória revolucionária, mas também no que se segue.

Na luta de classes no capitalismo, a classe social mais poderosa na história da humanidade em termos econômicos, em conhecimento, na capacidade de difusão de suas ideias, e no campo militar, a saber, a burguesia, é confrontada fundamentalmente com o proletariado, a classe social dominada mais numerosa. À primeira vista, é uma luta extremamente desigual.

Contudo, em meio a esta enorme desigualdade operam ao menos dois processos extremamente significativos que tornam possível a derrota da burguesia. Um é o fato de que o processo econômico que ela põe em marcha gera crises econômicas de grande envergadura, bem como conflitos e guerras entre Estados, como consequência da luta entre capitais, que causam fissuras e fraturas de grande envergadura no seio das classes dominantes e que arrasta a humanidade para graves condições de vida, de fome, destruição, desemprego, o que constitui um incentivo para promover revoltas, levantes, mal-estar, queixas sociais, em que outras classes sociais exploradas e dominadas e setores sociais oprimidos são arrastadas.

A própria dinâmica do capitalismo, com suas crises e conflitos, estimula a ação e irrupção de grandes contingentes de dominados, explorados e ofendidos, em períodos em que o férreo sistema de dominação está fragmentado e debilitado.

O segundo processo significativo é que o proletariado é a primeira classe dominada que pode conformar e levantar um projeto de organização da vida em comum alternativo ao das classes dominantes, e esse projeto não é resultado de simples elucubrações ideais, mas deriva da superação das próprias condições que o capitalismo vai criando. Nesse sentido, o proletariado conta com uma vontade histórica de transformação que nenhuma outra classe dominada conheceu.

Nenhuma outra classe dominada teve a seu favor essa vantagem em sua luta contra os grupos humanos dominantes. Seus projetos não partiam do real existente, e não se projetavam sobre o futuro impulsionados pela própria dinâmica da ordem social que pretendiam derrubar.

O capitalismo leva ao extremo a concentração dos meios de produção em poucas mãos, tornando possível: primeiro, a conformação de uma nova ordem social sustentada na propriedade social dos meios de produção; segundo, a expropriação dos meios de produção de uma franja social reduzida para que esta ordem social seja factível; e terceiro, essa nova ordem pode ser parte central do projeto da classe social mais numerosa, o proletariado, que foi expropriado de qualquer meio de produção. Este é um exemplo de como a própria dinâmica capitalista gera condições para tornar factível um novo ordenamento social.

Mas se as tendências históricas caminham nessa direção, não devemos deixar de considerar as condições que são desfavoráveis ao proletariado. Esta última é a classe social explorada e dominada por excelência no capitalismo, com os custos que isso significa em termos de degradação humana, com as condições normais de sobrevivência, de educação e saúde subtraídas, com a maior parte de seu tempo e de sua vida ocupado, o que retira as condições para acessar saberes e conhecimentos disponíveis para outras classes dominadas, impedindo-a de ter tempo para aprender e discutir os problemas políticos nacionais ou de sua colônia, não podendo ter acesso a serviços e bens culturais básicos, entre outros.

A segmentação dos processos produtivos, o aumento do desemprego e do subemprego, a subcontratação e a precarização predominantes nos últimos anos, são processos que afetam as antigas condições trabalhistas, que favoreciam a massificação de trabalhadores sob um mesmo teto, a socialização e discussão de problemas trabalhistas e a organização sindical.

Tudo isso se soma às condições prévias que permitem entender as razões para considerar que sempre, sob estas condições, as revoluções e os triunfos revolucionários se apresentam de maneira prematura. Sob o capitalismo, o proletariado nunca chegará ao conhecimento e à maturidade para resolver os múltiplos conflitos típicos de uma revolução e da construção da nova ordem, principalmente quando todos esses processos trazem consigo grandes novidades.

Outra particularidade das revoluções proletárias é que, ao contrário do que se esperava inicialmente, estas acabaram triunfando primeiro em regiões dependentes do sistema mundial capitalista, e segundo, que foram levadas a cabo em Estados nacionais e não tomou a forma de uma revolução mundial.

Esses dois elementos colocam sérios problemas para as revoluções vencedoras em prol da construção do socialismo. Em primeiro lugar porque o socialismo, assim como o capitalismo, exige um sistema mundial para tomar forma e se desenvolver. Em segundo lugar porque as tentativas de começar algo diferente partem de um baixo nível de desenvolvimento das forças produtivas, o que dificulta a oferta imediata de melhores condições de vida e de bem-estar para a maioria da população.

Se a isto se acrescenta o fato de que no sistema mundial impera o capitalismo e sua capacidade de levar a cabo agressões e todo tipo de medidas para derrotar os que ousaram provocá-lo, temos um quadro em que o que conhecemos até hoje não foi propriamente socialismo e está mais próximo a uma condição de resistência, desde que as correlações de forças em nível mundial não se modifiquem.

Razões da relevância das rupturas políticas no capitalismo
No capitalismo, as rupturas revolucionárias devem necessariamente atingir o terreno político, a destruição do Estado como condensação das relações sociais de poder e dominação, para então iniciar a construção socialista e novas relações sociais de produção. Portanto, a revolução política antecede a construção socialista.

Isso se deve ao fato de que as relações capitalistas de produção, por mais exacerbadas que sejam suas condições, não geram algo diferente, não se decompõem, pelo contrário, sempre geram capital e trabalho. Não acontece como em outros modos de produção onde, por exemplo na exploração servil, se a exploração se aprofunda, existe a possibilidade de os servos romperem a relação e irem aos burgos para se tornarem proletários e sobreviverem vendendo sua força de trabalho.

O proletariado, por mais explorado que seja, não tem como sair da relação e da sujeição do capital para poder sobreviver. Somente após romper politicamente com a dominação e destruir o Estado, pode estabelecer novas relações sociais na sociedade.

Esta situação coloca outra particularidade das revoluções proletárias. Essa ruptura política, desde que as correlações de força no âmbito do sistema mundial não sejam modificadas, tende a ser com elevados níveis de violência estimulados pelas classes dominantes no seu ímpeto de impedir a perda dessa condição.

As classes dominadas não podem deixar de olhar o problema de frente e deixá-lo de lado, porque isto significa que não conseguirão acabar com o domínio do capital e sua exploração.

A atualidade da revolução

Uma dimensão que foi colocada em destaque pela Revolução Russa de 1917 e pelos pronunciamentos de Lenin para mobilizar os bolcheviques na tarefa de "todo o poder aos sovietes" e tornar efetiva e possível aquela transformação política, foram as da atualidade da revolução. Em sua fase imperialista, o capitalismo abriu a etapa em que a revolução proletária e socialista se tornou possível e necessária, constituindo, portanto, uma tarefa atual para as forças revolucionárias.

Já mencionamos nas páginas anteriores que o leninismo reforçou a ideia de que nas regiões e Estados dependentes esta revolução contava com condições que tornava factível romper com a corrente de dominação do capital no sistema mundial, ao passo que estas regiões e Estados encarnavam a condição de elos fracos, pela condensação das contradições não apenas locais, mas também pela internalização das contradições do capitalismo como um sistema mundial.

Nessas regiões e Estados, a atualidade da revolução assume uma marca particular, que refuta as visões para as quais a revolução virá de mãos dadas com o desenvolvimento das forças produtivas e daqueles que consideram as regiões dependentes carentes de maturidade capitalista.

A atualidade da revolução tem, por sua vez, uma relevância particular para a proposta leninista da organização política revolucionária. Não se trata de resolver um tema organizativo qualquer, mas sim da forma mais adequada para encorajar as camadas proletárias e semiproletárias, oprimidas, exploradas e dominadas, a rejeitar o jugo do capital e de concentrar forças em momentos e relações, após precipitar crises revolucionárias para destruir o poder dominante.

Tempo social e revolução

O tempo social é um tempo heterogêneo. Porque a luta de classes se desenvolve e avança em tempos heterogêneos. Há tempos, tempos longos, onde é a rotina do dia a dia que caracteriza a luta de classes. Os sujeitos sociais parecem adormecidos, fetichizados pela violência institucional imperante no cotidiano.

Contudo, no seio dessa aparente imobilidade, a velha toupeira da história prosseguiu a corroer de baixo da terra; e, de repente, ela irrompe e se faz presente. Geralmente sem aviso prévio, de maneira prematura, surpreendendo a uns e outros. Uma classe revolucionária deve estar preparada para a surpresa, para o prematuro. A revolução não tem hora. E em semanas ou meses da vida social são condensados acontecimentos, processos e mudanças na subjetividade, o que em tempos normais levaria anos ou décadas. O tempo social é condensado.

São tempos em que a descontinuidade prevalece, com saltos e rupturas. São os tempos das revoluções como processo. São os tempos em que a história deixa de ser um simples devir ou temporalidade para se tornar uma vontade histórica. Algo possível, nas mãos dos homens.

São tempos em que o extraordinário se converte em ordinário. Onde a história finita se abre ao infinito. Onde o impossível se torna possível. Onde o céu se toma de assalto.

Ai da classe revolucionária que quando chegado esse tempo seja surpreendida. Que não tenha esboçado um norte para onde dirigir-se e orientar aos muitos que fazem seu esse novo tempo.

Ai da classe que trema ou hesite em enfrentar todos que atrapalhem seu caminho. A fúria dos poderosos, em pânico pela eclosão dos *paupers*, será proporcional ao medo que lhes será infligido.

Referências

LENIN, V. I. "Una gran iniciativa". *In: Obras escogidas*, v. 3. Moscou: Progreso, 1961.

MARX, K. *El capital*. México: Siglo XXI Editores, 1975.

MARX, K. "El dieciocho Brumario de Luis Bonaparte". *In: Obras escogidas*, v. 1, Moscou: Progreso, 1980.

MARX, K.; ENGELS, F. "Manifiesto comunista." *In: Obras escogidas*, v. 3. Moscou: Progreso, 1980.

VI. ESTRUTURAS E SUJEITOS: DESEQUILÍBRIOS E ARRITMIAS NA HISTÓRIA[1]

As arritmias nos movimentos da sociedade

As sociedades humanas nem sempre se movem com o mesmo ritmo. Ao contrário do tempo cronológico ou físico, que é homogêneo e contínuo, o tempo social se dilata e se condensa, fazendo com que em determinados momentos da vida social pareça que nada acontece, enquanto em outros se concentrem inúmeros acontecimentos. Ali acontece tudo, ou quase tudo. Entre os níveis mais concretos da realidade social, em geral, o núcleo e as relações mais abstratas não se manifestam imediatamente. Se encontram velados pelo que acontece na superfície da aparência. Contudo, em momentos especiais, a distância entre a aparência conjuntural e as tendências profundas que percorrem a estrutura da sociedade é reduzida, os véus são rompidos e essas tendências irrompem na superfície. Tudo isto nos coloca diante de um tema chave no estudo social: os movimentos e os ciclos da sociedade não são homogêneos e apresentam arritmias que a análise deve ser capaz de captar. Aqui é necessário introduzir a noção de conjuntura, uma categoria chave para captar a descontinuidade e a arritmia social na história.

---

[1] Tradução de Fabio de Oliveira Maldonado.

A conjuntura: condensação de níveis de análise e tempo social

A relação entre as dimensões do nível de análise e do tempo nos permite definir a noção de conjuntura. Falamos de conjuntura quando nos referimos ao nível mais imediato da realidade social, àquele mais concreto e de superfície, e a um segmento de tempo curto específico, onde se condensa o tempo social. Uma conjuntura, portanto, é um cruzamento entre essas duas dimensões e níveis da totalidade social.

Assim como não falamos de qualquer tempo curto, a conjuntura tampouco se refere a qualquer momento do concreto, mas àquele momento em que o concreto se condensa com as estruturas, isto é, os momentos nos quais a distância que normalmente os separa tende a reduzir-se, de modo que a opacidade da superfície é eliminada – em maior ou menor medida – e esta ganha a capacidade de revelar os processos estruturais. Dito de outro modo, a estrutura irrompe na superfície da sociedade, ficando mais ou menos despida.

Em síntese, *uma conjuntura é uma condensação particular da concreção da realidade e do tempo social*, na qual os processos e tendências estruturais e de longa duração estão presentes de forma mais intensa na superfície e no tempo curto. Graficamente, esse processo pode se expressar assim:

Gráfico 1. Condensação do tempo social e níveis de abstração da conjuntura

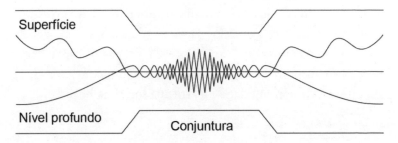

Os ritmos extensos da longa duração se intensificam em momentos de condensação do tempo social, deparando-se com os ritmos que o tempo curto apresenta, que também aceleram seu ritmo. As tendências profundas, por sua vez, irrompem na superfície conjuntural, ficando expostas para serem reveladas e transformadas, ao passo que a aparência conjuntural reduz sua distância em relação às tendências estruturais, aproximando-se dos movimentos profundos que movem a vida em sociedade. Todos esses movimentos permitem que *na conjuntura a estrutura se torne uma unidade visível, sendo possível operar sobre ela.*

As contradições que permeiam a vida em sociedade tornam-se visíveis e rearticulam as classes sociais e os demais grupos humanos. A luta de classes se aprofunda. O desvelamento das estruturas, na superfície, e a estreita articulação de tempos de longa e curta duração são o que faz das conjunturas momentos particularmente relevantes para a análise: os processos sociais são apresentados ao pesquisador de maneira intensa e com menor opacidade do que o de costume.

Da perspectiva aqui indicada, é necessário distinguir entre a conjuntura e o acontecimento. A primeira já caracterizamos. O acontecimento, por sua vez, é antes um elemento pontual significativo (o assassinato de um personagem, por exemplo), que pode ou não dar início a uma conjuntura.[2] Essas noções se afastam de como são concebidas no esquema teórico de Braudel, para quem o acontecimento se identifica com o tempo curto, ao passo que a conjuntura, com o tempo médio. A ausência de distinção conceitual entre o tempo curto e o acontecimento é uma das causas pelas quais Braudel, em seu afã por fazer um novo tipo de história que

---

[2] A partir de outro paradigma, Niklas Luhmann observa que "um acontecimento é [...] o átomo temporal (socialmente o menor possível)". Em: *Sistemas sociales: lineamientos para una teoría general*, 1998, p. 263.

fosse além dos simples acontecimentos, acaba desvalorizando o tempo curto e os processos que ganham significado nesse período.

Ruptura e continuidade

Os esquemas teóricos permitem abordar os processos de continuidade e ruptura social com maior ou menor êxito. Alguns enfatizam a continuidade e estão menos preparados para analisar a mudança, razão pela qual tendem a ver as transformações como processos alheios à própria dinâmica social, ou então adotam a mudança *nas* estruturas, tendo dificuldades para compreender a mudança *das* estruturas.

Outros esquemas privilegiam as rupturas e tendem a estar menos preparados para analisar a continuidade. Pois, mesmo supondo que a mudança é permanente, a realidade social possui processos que se desdobram em níveis e temporalidades nas quais, sob determinadas condições, a continuidade prevalece. Por exemplo: pautas culturais que – apesar de grandes transformações políticas, econômicas e sociais – seguem iguais.

A conjuntura como condensação na política[3]

A condensação do tempo social é maior nos períodos de crise social e ainda mais se essas crises sociais chegam ao patamar de crises revolucionárias, isto é, quando a possibilidade de modificar as estruturas da sociedade está colocada na ordem do dia.[4] Esses momentos não são permanentes. São, ao contrário, momentos históricos particulares das sociedades.

Em tempos de crise social, a realidade demonstra uma face contraditória. Por um lado, aumenta a abundância normal de

---

[3] Reúno nesse trecho as ideias expostas anteriormente no meu livro *El análisis de Conyuntura*. Ciudad de México: Cidamo, 1987.
[4] Ou seja, não é só uma mudança *nas*, mas uma mudança *das* estruturas.

atores, representações e ações, que são percebidas na superfície da sociedade. Aqui reside um dos aspectos que dificultam a análise de conjuntura. A atomização natural que a superfície manifesta dificulta as visões globais, de sorte que "as árvores não nos deixam ver o bosque". Isso ocorre, paradoxalmente, nos momentos políticos em que é fundamental apreender os elos da corrente que organizam os movimentos de uma realidade social que transborda em todas as direções.

Por outro lado, em situações de crise social, os heterogêneos conglomerados sociais tendem a formar grandes blocos, uma vez que as sociedades se polarizam, estabelecendo um rearranjo de forças em que a grande heterogeneidade social tende a ter suas expressões políticas simplificadas.[5]

O esforço central da análise de conjuntura é conseguir estabelecer uma síntese dessa gama complexa de situações. No entanto, qual é o elemento que permite estabelecer essa síntese? A noção de correlação de força e sua mediação tornam-se um elemento chave para organizar o caos em situações históricas dessa natureza, pois *nas conjunturas a luta pelo poder político se intensifica*. Isso faz com que *nas conjunturas, os processos de naturezas variadas* (econômicas, sociais, políticas e culturais) *se plasmem no campo da política*.

Os múltiplos projetos e ações das classes sociais e suas diversas subdivisões, bem como dos atores isolados, devem ser considerados, então, a partir da noção de força política, isto é, como capacidade de exercer o poder *político*, de influenciá-lo, ou de constituir-se em poder *político*. Destaco o componente *político* do poder, porque ao menos desde Foucault, para falar de um período mais recente, a noção de *poder* se dilatou tanto que abrange de maneira

---

[5] Por exemplo, setores pró ou contra Somoza na Nicarágua, em 1979, ou setores pró ou contra Batista em Cuba, em 1959.

igual a relação professor-aluno, psicanalista-paciente, homem-mulher, pai-filho e as classes dominantes-classes dominadas.[6]

Os tempos conjunturais são os momentos fundamentais para operar sobre a realidade. Contudo, não se deve esquecer que não se trata apenas de esperar as conjunturas, mas de criá-las.[7] Para o marxismo, o estudo da conjuntura não se resume a *medir* as correlações de força, mas constitui um esforço de captar a realidade para *modificá-la*. Disso deriva um problema central da análise de conjuntura: elaborar os instrumentos conceituais e metodológicos que possibilitem medir e calibrar as mudanças nas correlações de força entre classes sociais, frações e setores.

Isso requer contar com categorias que permitam captar o processo de *condensação de forças sociais*. Por ora, é possível mencionar que aos conceitos como os de bloco de poder, aliança de classes, hegemonia, cena política, classe dominante e classe política[8] devem ser acrescentados os conceitos de força social, bloco social, disposição de luta, iniciativa política, entre outros.

Periodização das conjunturas

Existem ao menos dois tipos de conjunturas: umas, em que as mudanças nas correlações de força permitem fazer modificações substanciais nos grandes blocos sociais criados pela crise social, mas sem alterar radicalmente as relações *entre* as classes dominantes e as classes dominadas; outras, as conjunturas revolucionárias, em que as mudanças nas correlações de força permitem modificar radicalmente aquela relação.

---

[6] Para um aprofundamento sobre este tema, remeto os leitores ao meu livro *El Estado en el centro de la mundialización*: la sociedad civil y el asunto del poder. [N. T.: Osorio, J. *O Estado no centro da mundialização: a sociedade civil e o tema do poder*. São Paulo: Expressão Popular, 2014.]

[7] Aqui o problema da relação estrutura-sujeito, que analisaremos nas páginas seguintes, é sintetizado.

[8] Para estes conceitos, ver Osorio, J. *Op. cit.*, cap. I.

A diferença entre um período pré-revolucionário e um período revolucionário indica, assim, uma mudança de conjuntura, isto é, a passagem de uma situação em que se produziu um salto de qualidade na força política e social dos setores dominados, que já não apenas questionam o poder, mas também desenvolveram condições que tornam possível tomar o poder político. É sobre tais bases que se devem discutir as visões que consideram a história como uma soma de conjunturas, uma formulação que introduz confusões ao menos nos seguintes problemas:

1. A história social é heterogênea, descontinua e apresenta momentos com distintos ritmos sociais. *A proposta de uma somatória de conjunturas tende a uma ideia de história contínua e com um ritmo constante.*
2. A conjuntura é um momento particular das sociedades, aquele em que o ritmo social se acelera e é possível uma mudança nas correlações de força, seja dentro dos blocos dominantes e dominados, seja entre estes blocos. Momentos como esses não estão presentes todos os dias nas sociedades. *Supor a conjuntura como unidade da história implica pensar que os tempos sociais são tempos de permanente revolução* ou, ao menos, de crise social permanente. Por outro lado, faz com que se perca de vista a especificidade da conjuntura.

Esses argumentos servem, por sua vez, para questionar as visões em que a história aparece como uma combinação de tempos que se fundem na longa duração, sendo esta a que prevalece.[9]

---

[9] "Entre os diferentes tempos da história", escreve Braudel, "a longa duração se apresenta [...] como um personagem embaraçoso, complexo, com frequência inédita. [...]. Para o historiador, aceitá-la se equivale a apresentar uma mudança de estilo, de atitude [...], a uma nova concepção do social [...]. A totalidade da história pode [...] ser reproposta como de uma infraestrutura em relação a essas camadas da história lenta. Todos os níveis [...], todos os milhares de fragmentações do tempo da história são compreendidas a partir desta profundidade, desta semi-imobilidade:

Estruturas e sujeitos: uma relação desequilibrada

Quais elementos devem prevalecer na análise: as estruturas ou os sujeitos? Quando nos referimos aos sujeitos, de quem falamos? De classes sociais? De movimentos sociais? De indivíduos?

As questões anteriores contêm uma série de problemas centrais na análise social que nos colocam "a crucial ambivalência de nossa presença humana em nossa própria história, em parte como sujeitos e em parte como objetos [...]".[10] As distinções entre os diversos níveis e periodizações nos permitem desmembrar alguns problemas que se referem à relação estrutura-sujeito.

Diante dessa relação, as análises sociais tendem a se mover em situações polarizadas: por um lado, estudos nos quais os sujeitos (individuais e coletivos) desaparecem, razão pela qual temos processos puramente estruturais ou sistêmicos. As estruturas não apenas ocultam os sujeitos, mas literalmente acabam esmagando-os[11] ou reduzindo-os à condição de entorno de um sistema.[12] Por outro lado, estudos nos quais as estruturas e suas determinações são excluídas ou ignoradas, e nos deparamos com atores (indivíduos ou coletivos) que atuam sem condicionamentos, flutuando no ar, e em que se supõe serem capazes de fazer a história como bem quiserem.[13]

---

tudo gravita em torno dela". Braudel, F. *La historia y las ciencias sociales*. Ciudad de México: Alianza, 1972, p. 74.

[10] Thompson, E. P. citado por Anderson, P. Em: *Teoría, política e historia*. Madri: Siglo XXI Editores, 1985, p. 18.

[11] "Quando penso no indivíduo, me sinto sempre inclinado a vê-lo prisioneiro de um destino em que ele tem pouco o que fazer, fixo numa paisagem na qual as infinitas perspectivas de longo prazo se perdem na distância [...]." Braudel, F. citado por Clark, S. "Los historiadores de *Annales*". Em: *El retorno de la gran teoría en las ciencias humanas*, de Skinner, Q. (Org.). Madri: Alianza, 1988, p. 175.

[12] Como ocorre na proposta sistêmica de Niklas Luhmann, que conduz a "um conceito de sociedade radicalmente anti-humanística". Ver De Giorgio, R; De Giorgio, L. *Teoría de la sociedad*, 1993, p. 33.

[13] Esta imagem não é alheia à visão liberal de mundo, na qual se supõe que todos podemos ser um Rockfeller se nos propusermos a isso e aproveitarmos as opor-

Diante dessa polarização, é necessário afirmar, ainda de modo geral, que em nenhum caso, seja qual for o nível ou a periodização, a relação estrutura-sujeito e as mútuas relações entre esses elementos devem desaparecer. Um ponto de partida básico para se aproximar do problema é descartar as posições que consideram cada um desses elementos como unidades irredutíveis – *porque não existem sujeitos sem estruturas nem estruturas sem sujeitos*; não existem sujeitos alheios às relações sociais, assim como não existem relações sociais vazias de sujeitos.

No entanto, é importante considerar que *os sujeitos e a noção de sujeito são redefinidos de acordo com a dimensão e a temporalidade adotada*, razão pela qual nem sempre, em um nível e em um tempo qualquer, estamos nos referindo aos mesmos atores.

No nível das estruturas, o que temos são grandes grupos sociais, sujeitos coletivos. E é assim porque nesse nível o que importa são os fundamentos da organização social, razão pela qual se destacam os grupos humanos que derivam daí. Portanto, nesse nível, as histórias individuais e os atores individuais não se encontram bem situados. As classes sociais são, talvez, o mais conhecido e útil dos sujeitos nesse nível de análise.

É na conjuntura (e na dimensão imediata, a formação social) que os atores individuais adquirem não apenas visibilidade, mas também passam a ocupar um papel destacado para a compreensão da dinâmica dos processos sociais. Hitler, por exemplo, deu ao nazismo um traço particular com sua liderança. No entanto, valorizar o papel dos indivíduos não implica abandonar a noção de grupos sociais maiores. Afinal, para prosseguir com o exemplo, o nazismo respondeu a processos da sociedade alemã que excediam a personalidade de Hitler e permitiu, entre outras coisas, o

---

tunidades. Parece que não existe nada que ponha limites a essa meta, a não ser nosso esforço e nosso trabalho e, quem sabe, um pouco de sorte.

fortalecimento dos grandes conglomerados econômicos alemães produtores de aço e armas. A análise social não pode ser reduzida à ação de atores individuais.

Muitas sistematizações que podemos realizar na superfície e no curto prazo fazem sentido quando as inserimos na estrutura e no tempo longo. Dessa forma, os atores sociais, sejam eles indivíduos ou coletivos, deixam de aparecer sem referência a elementos duros da complexidade social e, assim, suas ações tendem a ganhar sentido, inclusive para compreender *a distância* que podem ter sobre os fatores estruturais.

Devemos, porém, avançar mais alguns passos na decodificação da relação estruturas-sujeitos. *As estruturas e os sujeitos mantêm uma relação desequilibrada na história*: existem tempos sociais em que umas prevalecem e tempos sociais em que prevalecem os outros. *A história não é uma relação de equilíbrio entre estruturas e sujeitos*, em que, ao mesmo tempo, ambos mantêm a mesma preponderância.

Em momentos normais, quando o tempo social se dilata e se move com a cadência do cotidiano, da previsibilidade de um dia após o outro, os homens tendem a organizar sua vida social em torno de rotinas dentro de espaços sociais limitados. Por exemplo, é preciso trabalhar para sobreviver e, entre os fatores substantivos, as condições de classe determinam, em linhas gerais, as modalidades de sobrevivência e o tipo de atividades dentro das quais se trabalha.

A liberdade também é exercida em espaços sociais específicos: pode-se escolher onde trabalhar, mas, para um operário, o leque de opções é mais ou menos limitado à sua situação social. Existe liberdade quanto a como ocupar o tempo livre. Contudo, as possibilidades de uso desse tempo também serão marcadas, fundamentalmente, pela condição social. Assim, para um trabalhador, a opção de ir de férias para o Caribe não existe como escolha real.

Dessa forma, *em tempos sociais dilatados, as estruturas tendem a prevalecer sobre os sujeitos*, fixando um certo espaço de ação social.[14] E esses são os tempos cronológicos que tendem a prevalecer na vida da maioria dos homens.

A situação é diferente em momentos de tempos sociais condensados e de condensação dos níveis da realidade social. Definitivamente, a situação muda nas conjunturas. Aqui os sujeitos mostram toda a sua capacidade de *fazer* história, de recriar a história, já não apenas alguns, como ocorre nos tempos sociais dilatados, mas muitos, *ultrapassando os limites impostos pelas estruturas*.

Na Revolução Mexicana, por exemplo, muitas mulheres romperam com as amarras que as prendiam à cozinha e à vida doméstica e se uniram aos camponeses que criaram os exércitos agraristas. Foram longe em sua investida contra as estruturas: cruzaram as cartucheiras no peito, pegaram em armas e viveram sua sexualidade de uma maneira distinta da que prevalecia na época.

Acontecimentos extraordinários, como o exemplo anterior, são recorrentes nas conjunturas. Nesses tempos sociais, os sujeitos desenvolvem capacidades que lhes permitem passar de *reprodutores de estruturas*, que é o que ocorre em tempos sociais dilatados, a *criadores de estruturas*. *Nas conjunturas os sujeitos prevalecem sobre as estruturas*.

Esses são momentos de grande condensação do tempo social. Porém, são tempos reduzidos do ponto de vista do tempo cronológico na vida da maioria dos homens e das sociedades. Nem sempre os sujeitos estão em condições de modificar radicalmente as condições sociais de sua existência, nem as sociedades de se revolucionarem.

---

[14] Tema que não contempla, por exemplo o *Public Choice*. Aqui os homens buscam elevar ao máximo seus lucros, mas sem contextos. Ao considerar as diferenças sociais como algo dado, este corpo teórico se distancia muito facilmente do problema. Ver Buchanan, J.; Tullock, G. *El cálculo del consenso*. Barcelona: Planeta, 1993.

Colocadas as coisas dessa forma, convém retomar a ideia de que estruturas e sujeitos não devem ser considerados unidades irredutíveis ou elementos autoexcludentes. Dissemos que não existem sujeitos sem estruturas nem estruturas sem sujeitos. Isso implica, entre outras coisas, que a ação dos sujeitos, ainda que predomine o efeito reprodutivo das estruturas, tende a produzir crises sociais. Mas não é só isso que pode ser entendido como resultado de uma inércia social: a ação dos sujeitos pode acelerar a criação e chegada de conjunturas. Dessa forma, os sujeitos intervêm nas estruturas e não apenas nas conjunturas. Sua incidência é permanente e pode ser acentuada.

Conclusão: o sujeito na história

Os elementos considerados permitem ponderar melhor os esforços teóricos para reivindicar o papel do sujeito na história, tema que recorrentemente volta a ter vida no curso das ciências sociais. Pode-se afirmar que qualquer que seja a dimensão da análise que realizemos, os sujeitos devem estar presentes. Em alguns casos existem melhores condições para observar sujeitos coletivos; em outros, sujeitos individuais.

No entanto, isso não significa que os sujeitos estejam em condições de escrever qualquer história em qualquer momento. Com Marx poderíamos dizer que "os homens fazem sua própria história, mas não a fazem como querem, não a fazem sob circunstâncias de sua escolha, e sim sob aquelas com que se defrontam diretamente, legadas e transmitidas pelo passado".[15]

O peso diferenciado que as estruturas e os sujeitos alcançam, em momentos diferentes, permite enquadrar e compreender o erro de algumas críticas formuladas ao marxismo como teoria determinista, por um lado, e teoria voluntarista, por outro. Nessa

---

[15] Marx, K. *El 18 Brumario de Luis Bonaparte*. In: *Obras escogidas*, v. 1, 1980, p. 408.

perspectiva, Marx se situaria no primeiro viés e Lenin seria o melhor exemplo do segundo. Entretanto, o que sim está presente no marxismo é a possibilidade de integrar em seu corpo teórico o papel das estruturas e dos sujeitos e compreender as razões do desequilíbrio em sua relação.

Marx e Lenin estão preocupados com a transformação social. Em sua análise, o primeiro destaca as determinações de como os homens fazem história e como surgem as contradições que possibilitam as transformações sociais, a partir dos enfrentamentos entre o que ele considera conglomerados sociais fundamentais para entender a mudança: as classes sociais. Lenin, por seu turno, acentuará a análise daqueles elementos que permitem aos homens criar conjunturas e convertê-las em gatilhos para novas organizações sociais.

Dessa perspectiva, o "determinismo" de Marx e o "voluntarismo" de Lenin não correspondem a duas visões diferentes do marxismo, que são mutuamente excludentes. São duas caras de um paradigma de análise que integra o tempo social dilatado e o tempo social condensado, de como um e outro se intervêm mutuamente; do peso das estruturas e das possibilidades revolucionárias dos sujeitos.

Referências

ANDERSON, P. *Teoría, política e historia:* un debate con E. P. Thompson. Madri: Siglo XXI Editores, 1985.

BRAUDEL, F. *La historia y las ciencias sociales*. México: Alianza Editorial, 1992.

BUCHANAN, J.; Tullock, G. *El cálculo del consenso*. Barcelona: Planeta-Agostino, 1993.

CLARK, S. "Los historiadores de *Annales*". In: SKINNER, Q. (org.). *El retorno de la gran teoría*. Madri: Alianza Editorial, 1988.

MARX, K. *El 18 brumario de Luis Bonaparte. In: Obras escogidas de Marx-Engels* (três volumes). Moscou: Editorial Progreso, v. 1, 1980.

LUHMANN, N. *Sistemas sociales:* lineamentos para una teoría general. Barcelona: Antropos-UIA-Centro Editorial Javerino, 1998.

LUHMANN, N.; DE GEORGI, R. *Teoría de la sociedad*. México: Universidad de Guadalajara-UIA-Instituto Tecnológico y de Estudios Superiores de Occidente, 1993.

OSORIO, J. *El análisis de coyuntura*. México: Cidamo, 1987.

OSORIO, J. *El Estado en el centro de la mundialización:* la sociedad civil y el asunto del poder. México: Fondo de Cultura Económica, 2. ed. 2014.

POULANTZAS, N. *Poder político y clases sociales en el Estado capitalista*. Cidade do México: Siglo XXI Editores, 1969.

VII. A RUPTURA ENTRE ECONOMIA E POLÍTICA NO MUNDO DO CAPITAL[1]

1

Denominamos de capital a *unidade diferenciada* das relações sociais de exploração e dominação. No mundo do capital, toda relação de dominação de classes (à diferença de formas de opressão ou de poder que não são constitutivamente de classes: pai/filho; professor/aluno; homem/mulher; médico/paciente etc.) é uma relação de exploração (direta, sobre trabalhadores ativos, ou indireta, sobre trabalhadores inativos), bem como toda relação de exploração é, por sua vez, uma relação de dominação de classes.

2

O capital não pode se revelar no mundo fenomênico como exploração e dominação. Pelo contrário, o capital promete a construção de um mundo de homens livres e iguais. E embora violente essa promessa, deve, contudo, reconstituí-la. Para isso, tem que formar a *ficção real* de um mundo de homens livres e

---

[1] Traduzido e publicado por *Em pauta*, Rio de Janeiro, 1º semestre de 2013, n. 31, v. 11, p. 177-186. Revista da Faculdade de Serviço Social da Universidade do Estado do Rio de Janeiro.

iguais. Ficção, pois encobre e desvirtua a essência do seu ser. Real, porém, pois essa inversão atua e ganha consistência. Opera efetivamente.

Em poucas palavras, o capital precisa se apresentar de modo distorcido, ao contrário do que é de fato. Isso faz parte do processo de fetichização do capital, que lhe permite criar um "mundo encantado, de ponta-cabeça".[2] Através da fetichização, *o ser se manifesta ocultando-se*. Aqui nos interessa desvendar alguns dos processos que tornam possível sustentar essa ficção.

3

O primeiro passo do capital, nesse processo de se ocultar e se revelar de modo distorcido, implica na ruptura da sua unidade econômico-política, conformando essas dimensões como esferas autônomas e independentes, e *não mais como diferenças dentro de uma unidade*. O desenvolvimento dessa tendência leva à formação de saberes com "objetos" particulares: a ciência da economia ou ciência econômica, e a ciência da política ou ciência política. Daí a se constituírem como disciplinas – em momentos nos quais os saberes sociais se disciplinam – parecerá um passo normal.

4

Para compreender, em sua complexidade, a unidade econômico/política do capital e o processo de ruptura dessa unidade é pertinente considerar a particularidade da primeira fase da circulação, onde a compra e venda dos meios de produção e da força de trabalho é realizada. É quando os portadores de capital e de trabalho se apresentam como sujeitos livres, que soberanamente realizam o processo de troca. Por isso, diz Marx, o mercado apa-

---

[2] Conforme Marx, K. *El capital*. Ciudad de México: FCE, 1973, v. 3, p. 768.

rece como reino da liberdade.³ O trabalhador é dono de sua força de trabalho e, livremente, sem coerção *visível* nem *sujeição* a outros sujeitos, apresenta-se para vender sua mercadoria, da mesma forma que o burguês, que também livremente chega ao mercado com a mercadoria dinheiro, disposto a comprar força de trabalho.

5

Nesse processo de troca livre, é importante destacar o obscurecimento dos processos políticos que o tornam possível e que deixam manifesta a coerção e a ficção de liberdade em que se encontra o vendedor de força de trabalho.⁴ Primeiro, porque *ele e sua classe* foram objeto de violência nos processos de *despojo e expropriação de terras e ferramentas*, ficando privados de meios de produção. Segundo, porque o montante de dinheiro recebido pela venda de sua força de trabalho permite apenas a reprodução diária do trabalhador. Isso significa que o trabalhador deva, *necessariamente*, se apresentar dia após dia no mercado para vender sua mercadoria, pois *do contrário é sua própria existência*, como ser vivo, *que se coloca em risco*. O que temos, então, é uma nova coerção política regendo a "liberdade" dos trabalhadores e sua cotidiana presença no mercado. Terceiro, porque *o trabalhador é expropriado de valor*, pelo menos do valor que excede o valor de sua força de trabalho, o que implica exploração, e um *Estado de direito (dominação) que torna possível a exploração*.

---

[3] "A *esfera da circulação ou do intercâmbio de mercadorias*, dentro de cujos limites se movimentam compra e venda de força de trabalho, era, de fato, um verdadeiro *éden dos direitos do homem*. O que aqui reina é unicamente *liberdade, igualdade, propriedade...*" Marx, K. *El capital. op. cit.*, v. 1, p. 128 (itálico no original).

[4] "O contrato pelo qual [o trabalhador – J.O.] vendeu sua força de trabalho ao capitalista comprovou, por assim dizer, preto no branco, que ele dispõe livremente de si mesmo. Depois de concluído o negócio, descobre-se que ele não era '*nenhum agente livre*', de que o tempo em que se vê *livre* para vender sua força de trabalho é o tempo em que é *forçado* a vendê-la [...]". Marx, K. *El capital, op. cit.*, p. 240 (itálico no original).

6

A força de trabalho repousa na corporeidade viva do trabalhador (músculos, cérebro, sistema nervoso, esqueleto, coração, pulmões etc.). Não há como separar uma coisa da outra. Portanto, quando o trabalhador vende sua força de trabalho, o capital não apenas recebe aquela mercadoria, mas também a corporeidade viva total do trabalhador. E tudo o que aconteça com essa força de trabalho, trabalhando em extenuantes jornadas, trabalho intenso, sem falar das exaustivas horas de deslocamento da casa ao trabalho e vice-versa, incide no trabalhador e em seu corpo (e em sua alma ou espírito). Aqui radica o ponto central do poder do capital sobre a vida, o *biopoder*. E é por desconhecer ou ignorar esse processo que as formulações de Michel Foucault e Giorgio Agamben,[5] mesmo em sua radicalidade, acabam deixando de lado o processo fundamental e generalizado que explica a capacidade do poder (do capital) sobre a vida, e de colocá-la, permanentemente, em interdição em nosso tempo.[6]

7

É a presença de uma *violência institucional* (consagrada por leis em um Estado de direito), de *coerção encoberta*, que explica que não seja necessário que um corpo policial retire os trabalhadores de suas camas nas primeiras horas da manhã, ou açoite-os para que se dirijam aos centros de transporte público e dali aos seus locais de trabalho. Aquela *violência* de despojo *ancestral*, à qual se soma agora a *violência cotidiana* (expropriação diária de mais-valor), obriga o trabalhador a buscar um salário para

---

[5] Do primeiro, ver *Historia de la sexualidad I: la voluntad de saber* (1977); *Defender la sociedad* (2000) e *Seguridad, territorio y población* (2006). Do segundo, ver *Homo sacer: el poder soberano y la nuda vida* (1998).

[6] Sobre essas questões, ver Osorio, J. *Estado, biopoder, exclusión:* análisis desde la lógica del capital (2012). Barcelona: Anthropos/UAM.

sobreviver. Esse é o contexto da liberdade do vendedor de força de trabalho. O que se apresenta como operações simplesmente econômicas são também operações políticas de submissão, violência e coerção encobertas.

8

Historicamente, a ruptura entre economia e política toma forma nas últimas décadas do século XIX, com a chamada revolução marginalista. Para a Economia Política clássica, cristalizada entre a segunda metade do século XVIII e a primeira do século XIX, a reflexão da economia remetia diretamente às classes sociais e às formas de apropriação da riqueza social. Era o caso do fisiocrata François Quesnay, com seu *Quadro econômico* (1758); do primeiro dos cinco livros que formam *A riqueza das nações* (1776), de Adam Smith; ou de David Ricardo, com sua teoria da distribuição da renda em *Princípios de Economia Política*" (1817).[7] Com o inglês William Stanley Jevons, o francês León Walras e o austríaco Anton Menger, antecedidos pelo francês Antoine Augustin Cournot, a política explícita da economia é definitivamente abandonada, para dar passagem a uma economia despolitizada em sua aparência, cada vez mais circunscrita aos assuntos da circulação e do mercado, afastando-se dos problemas da produção e colocando como base de cientificidade a sofisticação matemática e estatística.[8]

9

A despolitização da economia (que não passa de outra forma de operação política) tem como um dos seus efeitos o abandono

---

[7] Ver Marx, K. *Teorías sobre la plusvalía*, v. 1 e 2. Ciudad de México: FCE, 1980.
[8] Ver Meek, "La revolución marginal y sus consecuencias". *In:* Hunt, E. K.; Schwartz, J. G. *Crítica de la teoría económica*. Ciudad de México: Lecturas del Fondo de Cultura Económica, 21, 1977. Ver também Dobb [1977], "La tendencia de la economía moderna". *In:* Hunt, E. K.; Schwartz, J. G. *Op. cit.*

do olhar sobre o conjunto das fases do processo econômico, para concentrar sua atenção na circulação e, particularmente, em sua segunda fase, onde as mercadorias valorizadas são lançadas ao mercado para sua realização. Problema que não é irrelevante para um capitalismo que faz com que a massa de valores de uso cresça consideravelmente como resultado dos aumentos da produtividade (e da intensidade), fomentando, assim, a tendência recorrente de crises. As condições de equilíbrio entre oferta e demanda, concorrência perfeita, preços e utilidade marginal, entre outros temas, passarão a ser privilegiadas na nova ciência econômica e em seu olhar reducionista.

10
Não é inútil apontar que, como resultado da ruptura antes apontada no seio da economia (que implica a passagem da Economia Política para as mãos do marxismo), e frente ao crescimento das lutas sociais que acompanham a transição do capitalismo manufatureiro ao industrial (resultado, por sua vez, da constituição de um proletariado cada vez maior e mais organizado), surge a necessidade de uma nova disciplina nas ciências sociais, desta vez a sociologia, que se encarregará de explicar os problemas sociais, mas a partir de uma perspectiva na qual predomina o impedimento da desordem social (ou a anomia), sob a marca empírico/positivista de analisar os fatos sociais como coisas, como diz Durkheim, em cujas mãos essa nova disciplina se cristaliza.[9]

---

[9] Ver Marini, R. M. "Razón y sinrazón de la sociología marxista". Bagú, S. *et al. Teoría marxista de las clases sociales*. México: Cuadernos de Teoría y Sociedad, UAM-Iztapalapa, 1983. Uma exposição lúcida desses e de outros problemas presentes na origem da sociologia podem ser vistos no livro de Therborn, *Ciencia, clase y sociedad*: sobre la formación de la sociología y del materialismo histórico. Madri: Siglo XXI Editores, 1980.

11

A conformação da economia e da política como disciplinas independentes deixa, contudo, cada uma sob o espectro das relações sociais que as constituem – de exploração, a primeira, e de dominação, a segunda. Isso gera um problema muito sério para o processo do capital de revelar ocultando. Por isso, torna-se necessário levar a cabo uma segunda ruptura, agora no interior de cada uma dessas esferas, com a finalidade de romper as relações sociais que as constituem.

12

Romper relações e assumir "coisas" como objeto de reflexão é uma característica dos saberes que o mundo do capital engendra.[10] Essa passagem – de relegar as relações e assumir as coisas – está na base do *individualismo metodológico* que prevalece nas ciências sociais. O indivíduo cumpre com todas as exigências da ciência empírica e experimental que caracteriza fundamentalmente os saberes na modernidade capitalista. Por isso, não é nada estranho que o indivíduo seja tomado como unidade básica a partir da qual os saberes atuais pensam os processos da sociedade.

13

Fraturadas as relações sociais e estabelecido o privilégio das coisas como objeto das ciências, na esfera econômica *o mercado* se torna a entidade fundamental de uma economia agora não política. É onde interatuam os indivíduos, fazendo operações de compra e venda. Mas no mercado temos também indivíduos livres: ninguém os constrange, para além das razões do próprio mercado, em seus processos de troca. A ficção de um mundo de homens livres ganha destaque nas rupturas que o capital realiza.

---

[10] A respeito disso, ver Pérez Soto, C. *Desde Hegel: para una crítica radical de las ciencias sociales*. Ciudad de México: Itaca, 2008.

14

Na esfera política, autonomizada da economia e abandonadas as relações sociais, acontecem operações semelhantes. Nos relatos prevalecentes, são os indivíduos – que afirmam passar do estado de natureza (no qual o homem é o lobo do homem) ao estado político – que estabelecem um contrato social e que dão vida ao Estado. Nenhum deles tem a capacidade de se impor sobre os demais. Por isso, o Estado poderá se erigir como a autoridade de todos. A igualdade política daqueles que fazem tal pacto é fundamental para sustentar o imaginário de um Estado de todos. Assim, o relato contratualista tem um papel central na fetichização do capital em torno do imaginário de uma sociedade de homens iguais.

15

Com a constituição do cidadão e, depois, com o sufrágio universal, esse processo ganha um novo impulso. Cada cabeça é um voto e um voto é igual a qualquer outro voto. A democracia *liberal* acaba consagrando a igualdade política dos indivíduos.

16

O duplo processo de fratura – entre economia e política, inicialmente, e depois das relações sociais que as constituem – permite que o valor que se valoriza (capital) reforce a ficção-realidade de um mundo de homens livres e iguais. E o que acontece numa esfera parece não ter relação com o que acontece na outra. Em poucas palavras, a dupla fratura permite que *a economia se manifeste como não política*, para que, por sua vez, *a política se manifeste como não econômica*.[11] Isso implica assumir que nada do que ocorre na economia (e, mais especificamente, no mercado) é resultado de

---

[11] Conforme acertadamente apontou Gerardo Ávalos em seu livro com Joachim Hirsch, *La política del capital*. Ciudad de México: UAM-Xochimilko, 2007.

decisões políticas (o que seria muito problemático). E nada do que ocorre na política é resultado da ação de poderes econômicos (o que romperia a ficção de iguais).

17
Contudo, no plano econômico, o capital não pode ocultar que seu mundo é formado por notáveis desigualdades sociais. A riqueza e a pobreza são visíveis, como visível é sua distribuição desigual. O problema inicial está em *naturalizar* esses processos, como se não existissem relações sociais que os gerassem. Dirão que o mercado, como mecanismo socialmente neutro, se encarrega de distribuir a riqueza através de critérios puramente técnicos, em função das diferenças de esforço, talento e capacidades dos indivíduos. Assim, a desigualdade social imperante na esfera econômica é apresentada como não política: não há nada de dominação e de poder – enquanto relações entre grupos classistas –, mas apenas operações técnicas, que estão presentes na geração de riqueza e pobreza no capitalismo. As responsabilidades pela presença de riqueza e pobreza repousam, por sua vez, em razões puramente individuais: cada indivíduo, segundo seus esforços, capacidades e talentos, é o dono de sua sorte social.

18
Para o relato do capital, a desigualdade social não é apenas um resultado puramente técnico. É também, nesse relato, um grande motor no desenvolvimento da sociedade. Os indivíduos que recebem menores proporções da riqueza social – e vendo a riqueza e o bem-estar de outros –, serão estimulados a se esforçar mais e buscar uma melhor capacitação com o objetivo de alcançar níveis mais elevados de bem-estar. Nesse sentido, as ações individuais em favor da ascensão social trazem consigo melhorias para a sociedade em seu conjunto.

19
As perguntas clássicas da economia – o que se produz? como se produz? para quem se produz? – deixam claro que em determinados momentos históricos são os projetos de determinados capitais que prevalecem e organizam a vida em comum. Porque quando falamos de capital, no fundo estamos falando de muitos capitais, alguns ligados à produção, outros à circulação, outros às finanças e aos bancos, com tamanho e peso diferentes e, o que é mais relevante, orientados a mercados sociais distintos. Não é a mesma coisa valorizar o capital produzindo automóveis do que produzindo pães. Em outras palavras, não existe um projeto de reprodução que permita a todos os capitais resolverem suas necessidades igualmente. O capitalismo é um sistema de concorrência entre capitais e são alguns – em momentos históricos determinados – que conseguem impor seus projetos, em detrimento dos interesses de outros capitais. Isso se expressa, por sua vez, nos setores dominados, onde os projetos do capital têm consequências diferentes em suas condições de existência.[12]

20
O fato de que determinados projetos do capital prevaleçam em determinados momentos (o que significa dizer que são os interesses de determinadas classes, frações ou setores dominantes os que prevalecem) nos leva imediatamente ao terreno da política e do Estado. Isso significa que os projetos de determinadas classes, frações e setores dominantes se tornaram hegemônicos e que, nesse

---

[12] Essas questões remetem à noção de *padrão de reprodução do capital*. Para uma reflexão detida sobre este tema, ver Ferreira, C.; Osorio, J.; Luce, M. (Orgs.). *Padrão de reprodução do capital*, 2012. De Jaime Osorio, ver também o capítulo 2: "Patrón de reproducción del capital: una alternativa en el análisis económico", *In:* Osorio, J. *Crítica de la economía vulgar:* reproducción del capital y dependencia, 2004.

processo, subordinaram outros projetos de grupos dominantes que, com maior ou menor força, vantagens e desvantagens, se articulam em torno dos projetos hegemônicos, dando forma a uma articulação particular do *bloco no poder*. Com isso nos aproximamos da resposta de uma das questões-chave da análise política: quem detém o poder?[13] Nessa perspectiva, a noção de *hegemonia* assume, necessariamente, uma conotação econômico/política, expressando dimensões diferenciadas da unidade do capital.

21

O fato de a política aparecer como não econômica é uma dimensão fundamental para manter o imaginário de uma sociedade na qual a política, isto é, a capacidade dos sujeitos decidirem sobre o curso da vida em comum, é um assunto de todos em condições de igualdade política. Esse imaginário seria rompido se as desigualdades sociais vigentes na economia se expressassem, sem mediações, como uma força diferenciada na esfera política, de modo que a maior riqueza de alguns se manifestasse como maior poder político. Todas as fraturas que o capital realiza em seu movimento impedem que essas pontes sejam erguidas e que essas equações sejam estabelecidas.

22

O sufrágio universal trata de reparar as fissuras que, permanentemente, tendem a surgir nessa realidade. Cada cabeça é um voto e somente um voto. Portanto, na hora de decidir sobre os assuntos da vida em comum, o dono da Teléfonos de México (Telmex), Carlos Slim,[14] deposita apenas um voto e, com ele, o

---

[13] A outra questão-chave é: como se exerce o poder? A respeito disso, ver: Osorio, J. *El Estado en el centro de la mundialización*: la sociedad civil y el asunto del poder, 2004.

[14] Um dos homens mais ricos do mundo, de acordo com classificações de revistas como a *Forbes*.

grau de decisão proporcional correspondente, do mesmo modo que o porteiro dessa empresa ao depositar seu voto. No final, ambos só dispunham de apenas um átomo de poder na decisão geral. A contagem final mostrará a correspondência entre votos e cidadãos participantes. E, para que não haja dúvidas, é possível usar urnas transparentes nas quais, através de meios eletrônicos, todos podem ser testemunhas de que Carlos Slim só depositou uma cédula na urna, tal como qualquer outro cidadão.

23

Numa esfera política conformada desse modo, constrói-se também a ficção de que, nas eleições fundamentais – eleições presidenciais, num regime presidencialista, ou eleições parlamentares, num regime parlamentarista –, tudo ou quase tudo está em disputa, exceto a própria democracia. Em suma, é o andamento e a organização da vida em comum que são disputados quando as máximas autoridades são eleitas. Isso fortalece, por sua vez, a ficção do poder dos cidadãos: *os cidadãos, neste relato, só podem ser sujeitos empoderados.*[15]

24

Na verdade, os cidadãos elegem num campo de jogo que foi previamente delimitado, onde as opções de escolha foram filtradas pelas regras e procedimentos próprios dessa delimitação. O Estado de direito vigente expressa os limites do campo de jogo e as regras no interior desse campo, às quais os jogadores-cidadãos e seus órgãos de representação, os partidos políticos, devem se submeter. Assim, em tais processos, está em jogo somente aquilo que tais

---

[15] Contudo, são empoderados sob formas (de violência) institucionais estabelecidas. Daí o temor e a surpresa quando os cidadãos expressam seu poder nas ruas, por exemplo, e não de forma atomizada, mas de formas supraindividuais.

delimitações permitem. Isso explica o enorme peso da exigência aos contendedores para que respeitem o Estado de direito.

25

Enfatizar isso permite mostrar que todo Estado de direito expressa o poder de classes que fundamenta – e estabelece – uma ordem social, que é *anterior a qualquer eleição*. Portanto, faz sentido que o dono da Telmex e o porteiro dessa empresa depositem cada um seu voto. Na verdade, Carlos Slim e *todos os seus pares* já votaram (ou, mais claramente, já decidiram) previamente, estabelecendo os limites da legalidade e ilegalidade, do possível e do impossível, do jogo, do campo de jogo e de suas regras. E são essas decisões prévias, como poder constituído, que de fato organizam o curso da vida em comum e, claro, também das eleições. Por isso, tendencialmente, quem expressa esse poder sempre ganha as eleições, qualquer que seja o resultado. E o voto dos porteiros e de seus pares contará como a "contagem dos que não contam", segundo Rancière.[16] Por isso, seja qual for o resultado, eles tendem sempre a perder.

26

Nas eleições da democracia liberal não está em jogo o *poder político* do Estado. Não se convocam eleições para decidir se organizaremos a vida em comum em torno da propriedade comum ou em torno da propriedade privada dos meios de produção. Nas eleições, somente se decide quais forças políticas e/ou pessoas assumirão os principais cargos do aparelho do Estado, ou seja, quem encabeçará as instituições onde se *administra* o poder político, não quem *detém* o poder político. Esse aparelho de Estado não existe

---

[16] Ver Rancière, J. *El desacuerdo*: política y filosofía. Buenos Aires: Nueva Visión, 1996.

para servir aos interesses sociais, uma vez que constitui a reificação das relações de poder do Estado. Assim, mesmo que as forças e representantes anticapitalistas ganhem as eleições e cheguem ao topo do aparelho, este operará como um verdadeiro pântano político, onde essas forças e representantes, quanto mais se movem nos seus limites, mais se afundam e desvirtuam seus projetos.

27

No marco das relações sociais existentes, com a chegada de uma classe governante com projetos diferentes dos projetos vigentes e, inclusive, conflitantes ou opostos, é possível produzir modificações nas relações de força entre as classes dominantes e as classes dominadas, sem que se altere o fundamento do poder e da dominação. Também podem ser produzidas modificações no interior do bloco no poder e no campo das relações de força entre o bloco de poder e o bloco das classes dominadas.

28

A eficácia desses procedimentos pode ser medida pelo enorme número de eleições realizadas em todo o planeta, e em cada sociedade, em um período que abrange quase um século, desde que o sufrágio universal foi instituído, sob as regras da democracia liberal, e os pobres resultados alcançados em termos de transformações políticas para o mundo dos dominados.

29

Somente ao assumir como negação do conquistado e, portanto, como passo possível, porém transitório e de ruptura – inclusive em relação ao que foi alcançado –, no caminho da destruição das relações sociais vigentes, é que esses triunfos eleitorais poderão se tornar novas potencialidades disruptivas. Instalar-se no aparelho e supor que a partir daí é possível realizar as transformações sociais é ficar preso na teia fetichista construída pelo poder político vigente, que acabará por enredar e desgastar aqueles que se supunham os vencedores.

30

A promulgação de leis em favor dos explorados e dominados pelos governos populares inseridos no aparelho de Estado burguês não deixa de ser algo bom. Mas isso não pode nos fazer perder de vista que essas leis estão inscritas em um Estado de direito que, enquanto unidade, protege e defende os interesses das classes dominantes que o estabeleceram e o promulgaram e que criaram um poder para sustentá-lo. É também por isso que promulgar um novo Estado de direito ou uma nova Constituição, sem criar o poder dos dominados para impor e defender tais mudanças, não passa de uma operação bem-intencionada, porém condenada ao fracasso. E, nessa matéria, os fracassos têm duros custos humanos e políticos e são de longa duração.

31

Discutir as ações políticas de governos populares não significa ignorar seu significado, mesmo para os projetos que se propõem a transformar e revolucionar a ordem social existente. Trata-se simplesmente de estabelecer seus limites e romper com o fetichismo que leva a crer que, uma vez se instalando no aparelho do Estado, é possível não apenas submeter o capital, mas também construir um mundo para além do capital. O Estado burguês e o aparelho dele não são o lugar para isso. Somente a partir de uma política que busque ganhar e acumular forças para destruir as relações sociais imperantes terá sentido ocupar posições no aparelho de Estado, de forma transitória, se isso for possível. Mas, nessa perspectiva, a necessidade de romper e negar aquilo que foi alcançado logo se fará presente, pois seu peso e sua condição de obstáculo para acumular forças serão cada dia maiores e maior será o desgaste dos setores populares.

Referências

AGAMBEN, G. *Homo sacer*: el poder soberano y la nuda vida. Valencia: Pre-Textos, 1998.

ÁVALOS, G. T.; HIRSCH, J. *La política del capital*. México: UAM-X, 2007.

FERREIRA, C.; OSORIO, J.; LUCE, M. (orgs.). *Padrão de reprodução do capital*. São Paulo: Boitempo, 2012.

FOUCAULT, M. *Historia de la sexualidad I*: la voluntad de poder. México: Siglo XXI Editores, 1977.

FOUCAULT, M. *Defender la sociedad*. Argentina: Fondo de Cultura Económica, 2000.

FOUCAULT, M. *Seguridad, territorio, población*. México: Fondo de Cultura Económica, 2006.

MARINI, R. M. "Razón y sinrazón de la sociología marxista". *In:* BAGÚ, S. *et al. Teoría marxista de las clases sociales*. México: UAM-Iztapalapa, 1983 (Cuadernos de Teoría y Sociedad).

MARX, K. *El capital*. 7ª. reimp. México: Fondo de Cultura Económica, 1973.

MARX, K. *Teorías sobre la plusvalía*, v. 1 e 2. México: Fondo de Cultura Económica, 1980.

OSORIO, J. *El Estado en el centro de la mundialización*: la sociedad civil y el asunto del poder. México: Fondo de Cultura Económica, 2004.

OSORIO, J. *Estado, biopoder, exclusión*: análisis desde la lógica del capital. Barcelona: Anthropos/UAM, 2012.

PÉREZ SOTO, C. *Desde Hegel*: para una crítica radical de las ciencias sociales. México: Itaca, 2008.

RANCIÈRE, J. *El desacuerdo*: política y filosofía. Buenos Aires: Ediciones Nueva Visión, 1996.

THERBORN, G. *Ciencia, clase y sociedad*: sobre la formación de la sociología y del materialismo histórico. Madri: Siglo XXI Editores, 1980.

VIII. A CONSTRUÇÃO DE PARADIGMAS: SOBRE O SUBDESENVOLVIMENTO E A DEPENDÊNCIA[1]

SE HÁ ALGUMA REFLEXÃO QUE AS CIÊNCIAS SOCIAIS latino-americanas possam apresentar – em uma história das ideias – como algo original e significativo, são as propostas teóricas que se desenvolveram em torno aos problemas do subdesenvolvimento e da dependência. Ambas constituem verdadeiros paradigmas. Apesar de sua riqueza, foram relegadas a segundo plano nos debates dos anos 1980, no qual o peso das mudanças políticas ocorridas na América Latina – e sua incidência no campo intelectual – tem um papel destacado.[2]

Em muitos trabalhos foi realizada uma boa síntese das principais contribuições das teorias do subdesenvolvimento e da dependência.[3] Por isso, não pretendemos apresentar uma exposição

---

[1] Tradução de Gabriel Oliveira de Carvalho Senra.
[2] No ensaio "Los nuevos sociólogos", analiso as razões desse esquecimento. Ver Osorio, J. *Las dos caras del espejo:* ruptura y continuidade en la sociología latino-americana. Ciudad de México: 1995.
[3] Sobre as teses da Cepal e de Raúl Prebisch, ver, em particular: Rodríguez, O. *La teoria del subdesarrollo de la Cepal*. México: Siglo XXI, 1980 [N. T.: Edição brasileira: *Teoria do subdesenvolvimento da Cepal*. Rio de Janeiro: Forense, 1981]; Gurrieri, A. "La economía política de Raúl Prebisch". *In: La obra de Prebisch en la Cepal* (seleção de A. Gurrieri), Lecturas del Trimestre Económico, n. 46, v. 1. Ciudad de México: FCE, 1982; também Hodara, J. *Prebisch y la Cepal*. Ciudad de México, 1987. "La teoría social latinoamericana", v. 2. *In:* Marini, R. M.; Millán,

acabada destas. Nos preocupa, sobretudo, evidenciar o *horizonte de reflexão* que ambas as teorias abriram, a atualidade de algumas de suas contribuições e por que – sem que se abandone uma visão crítica – seguem sendo um rico celeiro de ideias para encontrar linhas de reflexão que nos permitam explicar muitos dos problemas que nossa região apresenta.

Dividiremos a exposição em três partes. Na primeira apresentaremos considerações gerais referidas ao campo teórico-metodológico proposto pelas teorias do subdesenvolvimento e da dependência. Na segunda parte nos centraremos em alguns dos aspectos que no nosso entender constituem as principais contribuições que cada uma deixou ao conhecimento de nossa região. Por último, faremos uma exposição crítica dos limites que apresentam.

Cabe advertir que quando nos referimos ao paradigma do subdesenvolvimento estamos considerando a obra da Comissão Econômica para a América Latina (Cepal), criada principalmente entre fins dos anos 1940 e começo dos 1960, período em que Raúl Prebisch teve um papel destacado na direção desse organismo.[4]

Muito se discutiu sobre as origens das ideias formuladas por Prebisch.[5] Aqui, deve-se notar que nenhuma teoria começa do zero. Sempre existe um "clima intelectual" que torna possível que certas formulações, em um momento determinado e na pena de

---

M. (orgs.). *Subdesarrollo y dependencia*. Ciudad de México: 1994, uma série de ensaios sobre as contribuições da Cepal e da teoria da dependência é apresentada. Pode-se consultar também meu ensaio "El marxismo latinoamericano y la dependencia", em: Osorio, J. *Las dos caras del espejo*: ruptura y continuidade en la sociología latinoamericana. Ciudad de México, 1995.

[4] O período aqui considerado corresponde à segunda e à terceira etapas, dentro das cinco que Prebisch reconhece em seu itinerário intelectual. Ver Raúl Prebisch, "Cinco etapas de mi pensamiento sobre el desarrollo", *Comercio Exterior*, v. 37. núm. 5, Ciudad de México, mayo de 1987.

[5] Hodara atribui a noção de "periferia" a Ernst Wagemann, economista alemão formado no Chile, e a tese sobre "o imperativo da industrialização" a Mihail Manoilesco, economista e ministro da Fazenda da Romênia no período da grande depressão. Ver Joseph Hodara, *op. cit.*, p. 132-140.

determinado autor, alcancem uma cristalização que marca de maneira clara as rupturas com as visões prevalecentes, abrindo novas perspectivas de análise. Este papel coube a Prebisch com respeito à teoria do subdesenvolvimento.

Quando falamos do paradigma da dependência, damos especial ênfase à obra na qual o tema alcançou sua maior maturidade, o ensaio *Dialética da dependência*,[6] de Ruy Mauro Marini, autor que – como Prebisch – reúne uma série de propostas que flutuavam no ambiente, rearticulando-as, reformulando-as e adicionando a marca de sua interpretação original, além de criar novas categorias, que lhe permitem chegar a uma interpretação mais elaborada e séria das especificidades do capitalismo latino-americano a partir teoria da dependência.

Questões teóricas e metodológicas

Como toda revolução científica, as teorias do subdesenvolvimento e da dependência romperam com visões predominantes e abriram um *horizonte de visibilidade* que dará resultados fecundos no caminho de desvendar as particularidades da América Latina.[7]

Em termos gerais podemos sintetizar esse processo em cinco pontos:

---

[6] *Dialéctica de la dependencia*. Ciudad de México: ERA, 1973 [N. T.: a última edição brasileira é Traspadini, R.; Stedile, J. P. (orgs.). *Ruy Mauro Marini: "Dialética da dependência" e outros escritos*. São Paulo: Expressão Popular, 2022.] Em "El marxismo latinoamericano y la dependencia", em Osorio, J. *Las dos caras del espejo, op. cit.*, exponho as diferentes correntes e autores que se inserem na chamada corrente dependentista e explano os argumentos para afirmar *Dialética da dependência* como a cristalização da teoria marxista da dependência.

[7] Nesta parte, damos ênfase aos pontos de confluência entre a teoria do subdesenvolvimento e a teoria da dependência. Nas seguintes, se explicitarão suas diferenças. Em todo caso, no ensaio "El marxismo latinamericano y la dependencia", *op. cit.*, analisamos os pontos de ruptura entre ambos os paradigmas.

América Latina como problema teórico

A rigor, a América Latina – nos estudos sobre alguns países ou sub-regiões ou em interpretações gerais – vinha sendo objeto de reflexão desde anos anteriores ao surgimento das teorias do subdesenvolvimento e da dependência. Basta considerar a rica produção de José Carlos Mariátegui, Ramiro Guerra, Raúl Haya de la Torre, Caio Prado Júnior, Silvio Frondizi ou Sergio Bagú.[8] Mas foi entre os anos 1950 e meados dos anos 1970 que a sub-região apareceu aos olhos das ciências sociais como um problema teórico, isto é, como um tema que exige conceitos e corpos teóricos específicos e como uma questão central que deve ser resolvida.

São vários os fatores que tiveram que ser conjugados para que surgisse um processo dessa natureza: supunha o aparecimento de problemas que obrigassem o questionamento da singularidade da região, um determinado avanço das ciências sociais, intelectuais com capacidade de responder aos desafios colocados, espaços institucionais de pesquisa que abrissem caminho para novas reflexões, entre outros. A demanda das Nações Unidas de analisar os problemas latino-americanos a partir da perspectiva de seu desenvolvimento foi, sem dúvida, um elemento importante que incidiu em vários dos fatores já enunciados: a Cepal foi criada em 1948; reuniu-se um conjunto de brilhantes pesquisadores (como Celso Furtado, Juan Noyola, Aníbal Pinto) sob a ousada direção intelectual de Raúl Prebisch; obrigou-se a refletir sobre a América Latina e seu desenvolvimento; as visões predominantes sobre o assunto serão questionadas, abrindo passagem para o surgimento de perguntas sobre as originalidades da região. A Economia Política do desenvolvimento e a sociologia do desenvolvimento latino-

---

[8] Uma compilação de parte da obra destes autores, considerados os fundadores de um pensamento latino-americano crítico e original, encontra-se no volume *La teoría social latinoamericana*, v. 1.: *De los orígenes a la Cepal, textos escogidos*, organizado por Ruy Mauro Marini e Márgara Millán e publicado em 1994.

-americanas encontraram, assim, espaços institucionais, problemas e atores para avançar.

O triunfo da Revolução Cubana, em 1959, teve um efeito semelhante, ainda que a partir de outra vertente teórica – neste caso, o marxismo. Esse processo potencializou de maneira geométrica as preocupações que nesse corpo teórico já estavam presentes sobre as singularidades da América Latina. A recepção do marxismo nas aulas universitárias ou em organizações políticas que buscavam explicar e repetir a experiência cubana; a formação de novas camadas de intelectuais sob a referência de uma reflexão sobre o marxismo e a partir do marxismo; as perguntas formuladas em busca dos fatores estruturais que tornaram possível o triunfo da revolução em uma ilha atrasada do Caribe e do porquê do fracasso das políticas desenvolvimentistas; a integração de equipes de pesquisa no Chile com intelectuais provenientes de distintos países da região; eis toda uma gama de processos que alimentaram o interesse pelos estudos que consideram a América Latina como problema teórico, e a riqueza que alcançam.

Se a tudo isso forem somados os debates acirrados, dentro e entre ambos os paradigmas, devido às fortes implicações políticas que derivavam das propostas teóricas e à luta que se estabelece entre projetos de nação claramente alternativos, temos um quadro mais bem-acabado sobre o tema. Definitivamente, *os teóricos do subdesenvolvimento e,* especialmente, *da dependência responderam afirmativamente à pergunta de se a América Latina constituía uma região original do ponto de vista das formas em que o capitalismo se desenvolve, e se dedicaram à tarefa de decifrar essa originalidade.* As diversas respostas que oferecerem caminham nessa direção.

A questão anterior – e as respostas que foram formuladas – não é um dado menor, menos ainda em momentos em que as ciências sociais da região nos falam das dificuldades de avançar na democracia, de constituir cidadãos, de amadurecer sistemas partidários, de crescer e conjugar crescimento com equidade, mas concedendo, de maneira implícita, que tudo isso é possível de alcançar de modo similar ao que o mundo desenvolvido alcançou. Tudo se reduz a um assunto de "falta de maturidade" (econômica, política, cultural etc.) ou de "Estados mais atrasados" (em uma nova edição das velhas teorias do desenvolvimento), esquecendo o detalhe de que na América Latina não temos sociedades capitalistas quaisquer, mas aquelas que, por serem capitalistas dependentes, "amadurecem" de uma maneira diferente.

A análise da América Latina no contexto da economia internacional

Após a Segunda Guerra Mundial, a visão do mundo como uma unidade conformada por partes interdependentes ganha mais força. Essa percepção vinha se fortalecendo na América Latina desde a crise do chamado modelo primário-exportador, afetado pelos altos e baixos da economia internacional (Primeira Guerra Mundial, crise dos anos 1930, Segunda Guerra Mundial), que provocou uma forte queda dos preços dos bens exportáveis da região.

Ao final do segundo conflito mundial e sob a liderança da economia estadunidense, a visão da interdependência se cristaliza. Nesse marco são criados organismos que serão responsáveis por aspectos da política internacional (como a Organização das Nações Unidas) e por pactos militares regionais (como a Organização do Tratado do Atlântico Norte), assim como organismos que buscam pôr ordem na economia internacional a partir das diretrizes da nova potência hegemônica (Fundo Monetário Internacional e Banco Mundial) e comissões regionais, dependentes das Nações Unidas (como a Cepal, na América Latina), que terão como tarefa desenvolver propostas para resolver os problemas do desenvolvimento.

Os acontecimentos anteriores deixaram claro para os pesquisadores da Cepal e os intelectuais críticos do desenvolvimentismo e do pensamento social ortodoxo que *os problemas da região exigiam um marco de referência que não podia ser outro senão o da economia internacional, vista como uma unidade.* A América Latina estava inscrita em processos que a extrapolavam, de sorte que seu estudo exigia considerar marcos geográficos maiores. Em algumas análises (em particular nas da Cepal), a ênfase será dada nos fatores externos, o que justifica as críticas em relação a esse enfoque no sentido de que o subdesenvolvimento tende a ser explicado como resultado de processos que escapam às decisões locais.

No paradigma da dependência essa situação é superada, gerando uma perspectiva de análise em que os elementos externos e internos se conjugam, sendo sua articulação responsável por reproduzir o atraso e a dependência. Alguns pontos importantes que devem ser destacados nessa linha são os seguintes:

- a América Latina foi se tornando capitalista depois da violenta inserção da região nos circuitos onde começava-se a gerar um capitalismo incipiente, mas que já mostrava os indícios de uma tendência que se expressaria com força posteriormente: sua vocação para exigir o mundo como área de atuação;
- nessa inserção, a estrutura produtiva latino-americana começou a criar seus próprios caminhos, articulando antigas formas de produção com novas formas e dando vida a mecanismos internos de reprodução do atraso e da dependência;
- para compreender as especificidades da região não é possível prescindir das formas em que ela se insere nos movimentos do capitalismo em âmbito internacional, formas que variam no tempo; mas tampouco se pode deixar de considerar as formas, assim como internamente vão se re-

criando os processos que produzem o subdesenvolvimento. Portanto, o debate entre exogenistas e endogenistas é falso. A solução dessa disputa requer um enfoque que integre os elementos externos e internos e que seja capaz de dar conta da recriação interna dos mecanismos que geram atraso no contexto de uma América Latina que vai modificando suas formas de inserção em um capitalismo internacional que também se modifica.

Inserida em espaços econômicos regidos por regras gerais, *a América Latina apresenta uma legalidade específica* que exige ser examinada. Essa será uma das novas propostas abertas pela teoria do subdesenvolvimento e, em particular, pela teoria da dependência.

Em direção a uma teoria do capitalismo periférico e dependente
Tanto nos trabalhos pioneiros de Prebisch na Cepal quanto nos da teoria da dependência, há a suposição de que a América Latina apresenta especificidades que é necessário decifrar. Em versões mais maduras, isso significará entender que estamos diante de um capitalismo *sui generis*, que provoca resultados desconhecidos, apesar de serem aplicadas políticas econômicas conhecidas.

Essa percepção abrirá um novo horizonte de reflexão. Uma parte substantiva dos esforços teóricos buscará dar conta dessas particularidades, desde esquemas meramente descritivos das originalidades da região até outros mais elaborados, que buscarão oferecer uma explicação desses aspectos e da dinâmica do capitalismo latino-americano. Qual é a especificidade da América Latina? Essa pergunta contém uma parte fundamental da riqueza teórica produzida nesses anos.

O desenvolvimento como preocupação central
O tema do desenvolvimento ocupa um lugar central na elaboração teórica de cepalinos e dependentistas. Constitui uma

ideia-força que crê ser possível a construção de economias capazes de repartir os frutos do trabalho para o conjunto da sociedade. Se nos momentos iniciais da Cepal o desenvolvimento é considerado uma consequência natural do crescimento, posteriormente a ideia se modifica, ressaltando-se que aquele é o resultado de um esforço específico que não devém simplesmente de aumentos no produto interno bruto.

No caso da teoria da dependência, embora não exista uma proposta expressa de como alcançar o desenvolvimento, procura-se colocar em evidência que, conforme os parâmetros do atual ordenamento social, tal desenvolvimento não será possível. Pelo contrário, espera uma ampliação do subdesenvolvimento.

Esta ideia não significa negar a possibilidade de crescimento das economias latino-americanas ou o desenvolvimento *do capitalismo*, como erroneamente foi afirmado. O "desenvolvimento do subdesenvolvimento" não é, portanto, estagnação ou caminhos fechados para o avanço do capitalismo na América Latina.[9] *O capitalismo pode avançar*. Mas como não é um capitalismo em geral, mas um capitalismo dependente, isso implica uma trajetória específica, que tem como um de seus traços as tensões e rupturas da produção com o consumo das massas, expressão do processo em que repousa a acumulação: a exploração redobrada dos trabalhadores. Definitivamente, nosso capitalismo cresce e se moderniza, mas o faz aprofundando velhos e novos desequilíbrios, aprofundando em um novo estágio as marcas da dependência e do subdesenvolvimento.

---

[9] Não desconhecemos que há autores que se moveram na fronteira das teses do subdesenvolvimento e da dependência e que aderiram à tese da estagnação, como Celso Furtado (ver, por exemplo, *Subdesarrollo y estancamiento en América Latina*. Buenos Aires: Eudeba, 1966 [N. T.: Edição brasileira: *Subdesenvolvimento e estagnação na América Latina*. Rio de Janeiro: Editora Civilização Brasileira, 1966.]). Mas nem Frank, nem Marini, dois autores em que se concentram as maiores críticas contrárias à teoria da dependência, formularam ideias nesse sentido.

Não é difícil compreender que essa perspectiva, nos novos tempos, deveria ser abandonada, principalmente quando voltou a ganhar força – agora sob o manto dos projetos neoliberais – a identificação entre crescimento e desenvolvimento. Essa identificação esquece que crescimento e (pelo menos) equidade são dois processos que não andam de mãos dadas na América Latina e que, quando estiveram presentes, excluíram-se mutuamente, dando origem ao que autores alheios a qualquer suspeita de análise radical, como Fernando Fajnzylber, qualifica como o "conjunto vazio".[10]

A necessidade de uma perspectiva interdisciplinar

Um último aspecto teórico-metodológico que vale a pena resgatar é que os paradigmas do subdesenvolvimento e da dependência entenderam – em diferentes graus – que o estudo e a compreensão do capitalismo latino-americano só poderiam se realizar rompendo com as fronteiras disciplinares. Os problemas colocados incidiam nessas transgressões. Não era possível avançar na explicação das caraterísticas estruturais do capitalismo latino-americano se não fosse recorrendo à história e à economia. Logo se percebeu que o desenvolvimento era muito mais que um problema econômico, vinculava-se com estudos das classes sociais, do Estado, da dinâmica política e social.

Diante das limitações em matéria de formação interdisciplinar dos pesquisadores, se recorreu à conformação de equipes nas quais conviviam profissionais de diversas disciplinas. Assim ocorreu, por exemplo, na Cepal e no Instituto Latino-americano de Planificação

---

[10] Ver Fajnzylber, F. "Industrialización en América Latina. De la 'caja negra' al 'casillero vacío'", *Cuadernos de la Cepal*, n. 60, Santiago, 1979. [N. T.: Edição brasileira: "Industrialização na América Latina: da caixa-preta ao 'conjunto vazio'". *In:* Bielschowsky, R. (org.). *Cinquenta anos de pensamento na Cepal*. Rio de Janeiro: Record/CEPAL, 2000, v. 2, p. 850-885.] Fajnzylber põe em evidência a dificuldade de compatibilizar crescimento e justiça social na América Latina. Daí a imagem do conjunto que permanece vazio.

Econômica e Social (Ilpes), e no Centro de Estudos Socioeconômicos (Ceso), da Universidade do Chile, três dos organismos de maior peso na criação e desenvolvimento dos paradigmas que comentamos.

Essa abertura nas ciências sociais foi perdida nos anos posteriores e será difícil encontrar economistas se aventurando na sociologia ou na história e sociólogos e cientistas políticos adentrando na história ou na economia. As fronteiras disciplinares converteram-se em uma verdadeira camisa de força que impediu uma reflexão globalizante sobre a sociedade latino-americana. As virtudes que poderiam estar presentes em certa especialização disciplinar transformaram-se em seu reverso: verdadeiras viseiras intelectuais que só permitem olhar algumas árvores, mas nunca abarcar a floresta.

Contribuições fundamentais

Como já dissemos, não procuramos fazer uma reconstrução da teoria do subdesenvolvimento da Cepal nem da teoria da dependência. Nessa parte nos preocupa destacar algumas contribuições desses paradigmas, as que consideramos fundamentais na tarefa de prosseguir na reflexão sobre a América Latina.

As contribuições do paradigma do subdesenvolvimento

Em seus anos iniciais, o pensamento da Cepal está estreitamente ligado à produção de Raúl Prebisch. Muitas das propostas originais desse autor foram sofrendo modificações com o passar do tempo, o que enriqueceu a visão cepalina sobre o subdesenvolvimento. Um processo semelhante ocorreu com as propostas de alguns dos colaboradores mais próximos de Prebisch, como Pinto, Furtado e Loyola.[11] Aqui nos deteremos nas ideias centrais

---

[11] Uma revisão das mudanças no paradigma da Cepal pode ser vista em Hodara, J. *Op. cit.*; Gurrieri, A. *Op. cit.*; Estay Reino, J. "La concepción inicial de Raúl Prebisch y sus transformaciones". *In:* Marini, R. M.; Millán, M. (orgs.) *La teoría social latinoamericana*, v. 2: subdesarrollo y dependencia, *op. cit.*, p. 142.

que, apesar de todas as transformações, atravessaram o itinerário reflexivo da Cepal em torno do subdesenvolvimento.

A noção centro-periferia

Se há alguma noção que sintetize a proposta cepalina sobre o subdesenvolvimento, é a de centro-periferia. Sua formulação pôs em evidência que *a economia internacional é estruturalmente heterogênea* e tende a reproduzir essa heterogeneidade, com resultados negativos para a periferia.

Para além dos limites que inicialmente o próprio Prebisch colocou nesses termos, o certo é que a ideia de centros e periferias tende a abrir uma caixa de Pandora da qual surgem perspectivas que questionam a ideia de economias que só podem ser diferenciadas pelos diferentes estágios de desenvolvimento, ou que mantêm relações que só incidem em umas e em outras de forma tangencial. Ao contrário, tais economias se encontram inter-relacionadas e de maneira assimétrica. Por isso, as diferenças que apresentam são mais profundas: o atraso e o subdesenvolvimento são expressões de economias que sofrem despojos, e o desenvolvimento, expressão de economias que criaram os instrumentos para espoliar. Portanto, os dois polos fazem parte da história do capitalismo, o primeiro sistema que na história da humanidade tem vocação para se expandir em direção aos mais diversos cantos do planeta, integrando-os de forma desigual à sua história.

A riqueza analítica que se desprende dessa visão é enorme e mantém fortes ligações com algumas propostas da teoria do imperialismo.[12] Afirmar isso não significa ignorar as debilidades presentes no paradigma cepalino, como a de conceber o subde-

---

[12] Marini encontra em Prebisch algumas ideias que "fazem recordar, irresistivelmente, Bukharin". Ver "La crisis del desarrollismo". *In:* Marini, R. M.; Millán, M. (org.). *La teoría social latinoamericana*, v. 2: subdesarrollo y dependencia, p. 142.

senvolvimento como um processo em que as responsabilidades maiores recaem em fatores externos. Aqui nos interessa destacar as nuances, e a concepção centro-periferia – em oposição às abordagens predominantes nos anos 1950 e atualmente, a partir dos anos 1990, que concebem desenvolvimento e subdesenvolvimento como fenômenos independentes – permite avançar em uma visão global e unitária da economia mundial capitalista para entender os processos na periferia e no centro.

A deterioração dos termos de troca

Com a formulação de sua tese sobre a deterioração dos termos de troca, Prebisch e a Cepal romperam com as abordagens da teoria clássica sobre o comércio internacional e seus possíveis efeitos em matéria de desenvolvimento.[13] Parece uma afirmação simples, mas isso implicou caminhar em sentido contrário às visões dominantes na academia e nos organismos internacionais.

A deterioração dos termos de troca foi a fórmula central para mostrar a transferência de recursos da periferia para o centro e significou voltar a estudar, agora a partir de correntes teóricas não marxistas, o problema de que as histórias do desenvolvimento e do subdesenvolvimento são uma só, a do capitalismo como sistema mundial.

Vale lembrar que a teoria clássica do comércio internacional afirma que esse comércio – baseado na especialização produtiva daqueles bens sobre os quais possui vantagens comparativas – acaba provocando uma difusão de benefícios para todas as economias. Para a situação regional, isso implicava que a América Latina deveria continuar especializando-se na produção de matérias-primas

---

[13] Esta ruptura, na avaliação de Marini, constitui "a contribuição mais importante da Cepal". Ver Marini, R. M.; Millán, M. (org.). *La teoría social latinoamericana*, v. 2, *op. cit.*, p. 140.

e alimentos, enquanto o mundo industrial deveria fazê-lo em bens secundários, já que a longo prazo, pelos benefícios de uma concorrência baseada no princípio das vantagens comparativas, todas as economias acabariam alcançando o desenvolvimento.

Prebisch se encarregou de demonstrar a falácia das teses anteriores indicando que o comércio internacional aponta para uma deterioração nos preços das matérias-primas frente ao aumento do preço dos bens manufaturados. Além disso, dentro das normas em que se move o comércio internacional, os países periféricos "não apenas não receberam parte do fruto da maior produtividade industrial, como também não puderam reter para si todos os benefícios de seu próprio progresso técnico".[14] Em outras palavras, as leis do comércio internacional permitem a transferência de valores da periferia ao centro.

Isso acontece porque em períodos de recessão econômica os preços das matérias-primas e alimentos tendem a cair mais bruscamente e de maneira mais persistente que os de bens industriais, deterioração que não pode ser resolvida com os aumentos de preços que ocorrem nos períodos de bonança, e porque nos períodos de recessão a população trabalhadora dos centros, por estar mais bem organizada que a da periferia, oferece maior resistência à deterioração de seus salários, de modo que os empresários fazem recair os custos da situação sobre os trabalhadores da periferia mediante os preços dos bens que exportam.[15]

---

[14] ONU. *Estudio económico de América Latina 1949*. Santiago: 1973 (Serie conmemorativa del XXV aniversario de la Cepal), p. 49. [N. T.: Edição brasileira: "Estudo econômico da América Latina, 1949". *In:* Bielschowsky, R. (Org.). *Cinquenta anos de pensamento na Cepal*. Rio de Janeiro: Record/CEPAL, 2000, v. 1, p. 137-178.] Esse material foi escrito por Prebisch.

[15] Essas constituem – na opinião de Octavio Rodríguez – duas das versões cepalinas (a dos ciclos e a contábil) sobre a deterioração dos termos de troca. Existiria uma terceira (versão da industrialização), na qual afirma-se que a inexistência na periferia de um setor industrial limita a oferta de empregos, o que propicia o aumento do trabalho excedente nos setores primário e terciário, com efeitos

Novamente, deve-se notar aqui que as propostas do paradigma do subdesenvolvimento podem parecer insuficientes e inclusive equivocadas, mas – e isto é o que nos preocupa destacar – elas abrem as portas para uma reflexão de vital importância, pelo menos nos seguintes pontos:

- nas relações comerciais entre as nações existem mecanismos que permitem a transferência de recursos da periferia ao centro;
- essa transferência ocorre porque existem elementos estruturais no centro e na periferia que a permitem, para além dos fatores conjunturais que os precipitem;
- isso remete à necessidade de buscar os elementos internos das economias – e no caso que aqui nos preocupa, da América Latina – para compreender a natureza desses processos. Em outras palavras, não basta analisar somente o comércio internacional, mas também a estrutura e a dinâmica das economias que se inter-relacionam no comércio internacional.

O paradigma da dependência

Como ocorre em toda revolução teórica, o problema da dependência já vinha sendo abordado – com graus diversos de desenvolvimento – desde muito antes de alcançar uma expressão madura no ensaio *Dialética da dependência*, de Ruy Mauro Marini. É o esquecimento desse processo que faz com que muitos analistas da teoria da dependência não estabeleçam as diferenças necessárias entre os autores e não calibrem os cortes teóricos e metodológicos que existem nesse *corpus*. Assim, poderia parecer que são as mes-

---

negativos na produtividade e nos salários, que deterioram a elevação na produtividade e a expansão do mercado interno. Ver Rodríguez, O. *La teoría del desarrollo de la Cepal, op. cit.*

mas as análises de Osvaldo Sunkel, Fernando Henrique Cardoso, André Gunder Frank, Theotonio dos Santos e Ruy Mauro Marini. No máximo, quando buscam matizes, algumas distâncias pequenas entre elas tornam-se evidentes, mas no fundo supõem que constituem uma unidade. Nessa perspectiva, suas diferenças qualitativas desaparecem, acabando abarcadas pelo qualificativo de *dependentistas*. Dessa forma, no momento da crítica serão condenadas em bloco, ao serem atribuídos ao conjunto aspectos de autores específicos.

Se tivéssemos que apontar os marcos mais importantes no itinerário da teoria da dependência, poderíamos indicar que o ensaio "El desarrollo del subdesarrollo capitalista en Chile",[16] de André Gunder Frank, constitui um divisor de águas na localização do problema do subdesenvolvimento como um fenômeno inscrito nos movimentos da economia internacional, na ruptura com a ideia do subdesenvolvimento como uma etapa anterior ao desenvolvimento e com as ilusões de um capitalismo autônomo, alimentadas pelas teorias da modernização e o desenvolvimentismo.[17]

O livro *Dependência e desenvolvimento na América Latina*,[18] de Fernando Henrique Cardoso e Enzo Faletto, expressa o maior avanço das rupturas produzidas dentro do Instituto Latino-americano de Planificação Econômica e Social (Ilpes) com o pensamento clássico da Cepal e a aproximação que a partir da radicalização

---

[16] Publicado em Frank, A. G. *Capitalismo y subdesarrollo en América Latina*. Buenos Aires: Siglo XXI Editores, 1970.

[17] Que este ensaio constitua um divisor de águas fundamental não significa que a produção de Frank consiga romper totalmente com o campo intelectual com que ele discute. Para uma análise desse problema, ver nosso ensaio "América Latina como problema teórico", em: Osorio, J. *Las dos caras del espejo: ruptura y continuidade en la sociología latinoamericana*, op. cit.

[18] Cardoso, F. H.; Faletto, E. *Dependencia y desarrollo en América Latina*. Ciudad de México: Siglo XXI Editores, 1969. [N. T.: Edição brasileira: *Dependência e desenvolvimento na América Latina*: ensaio de interpretação sociológica. Rio de Janeiro: Civilização Brasileira, 2010.]

do desenvolvimentismo é feita às propostas marxistas sobre o tema, combinando vertentes teóricas weberianas e marxistas.

As correntes teóricas do marxismo ortodoxo, que manifestaram inicialmente uma forte rejeição às teses da dependência, encontram no livro de Augustín Cueva, *O desenvolvimento do capitalismo na América Latina*,[19] sua versão mais acabada. Nele, considera-se a articulação de modos de produção como o conceito chave para entender as particularidades do capitalismo latino-americano e são produzidas importantes aproximações à visão metodológica aberta pelas teorias do subdesenvolvimento e da dependência, de analisar o subdesenvolvimento no contexto da economia internacional (questão que as teorias do imperialismo, no começo do século, já haviam apontado, mas que o marxismo ortodoxo latino-americano, por sua insistência em partir das relações de produção, não podia assumir de maneira natural na análise da situação regional), e propostas da teoria da dependência, como o acolhimento do tema da superexploração.

Com *Dialética da dependência*, a teoria marxista da dependência alcança seu melhor desenvolvimento, distinguindo-se no seu processo de formulação as contribuições de Theotonio dos Santos e Vânia Bambirra.[20]

Pelas razões anteriores, os quatro livros destacados constituem obras clássicas do pensamento social latino-americano. Três deles (Frank, Cardoso-Faletto e Marini), por refletirem os pontos mais

---

[19] Cueva, A. *El desarrollo del capitalismo en América Latina*. Ciudad de México: Siglo XXI Editores, 1977. [N. T.: *O desenvolvimento do capitalismo na América Latina*. São Paulo: Global, 1983.]

[20] Do primeiro devem ser destacados seus ensaios "La teoría del desarrollo y su crisis" e "Hacia un concepto de dependencia", incluídos em Dos Santos, T. *Imperialismo y dependencia*. Ciudad de México: ERA, 1978. De Bambirra, ver *El capitalismo dependiente latinoamericano*. Ciudad de México: Siglo XXI Editores, 1974. [N. T.: Edição brasileira: *O capitalismo dependente latino-americano*. Florianópolis: Insular, 2015.]

avançados de diferentes estágios da teoria da dependência e das principais vertentes teóricas que abordaram a problemática. O de Cueva, por ser a melhor proposta do marxismo ortodoxo para a caracterização do capitalismo latino-americano.

Passemos agora ao que consideramos as principais contribuições da teoria da dependência.

A superexploração

Se há algum processo que define a essência do capitalismo dependente, é a superexploração, categoria que dá conta dos mecanismos de exploração nos quais se viola o valor da força de trabalho. Como veremos mais adiante, o conceito leva a equívocos que poderiam ter sido evitados. Entretanto, também gerou fortes discussões em função do papel central que lhe é atribuído na caracterização do capitalismo dependente: na proposta de Marini, a acumulação dependente repousa na superexploração.[21]

Formas específicas como a América Latina foram inseridas no mercado mundial enquanto produtoras de metais preciosos, matérias-primas e alimentos permitiram a geração de uma economia que desde suas origens pôde prescindir dos trabalhadores como sujeitos substantivos no processo de consumo, uma vez que esses produtos se destinavam a mercados exteriores.

As formas posteriores que a economia latino-americana alcançará, agora sob o capitalismo, reproduzirão essa situação de diversas maneiras, deixando a população trabalhadora em posições secundárias em termos de realização, o que favorece modalidades de valorização que incorporam parte do fundo de consumo dos trabalhadores ao fundo de acumulação de capital.

---

[21] Marini afirma que "o fundamento da dependência é a superexploração do trabalho". *Dialética de la dependencia*, p. 101. Deve-se chamar a atenção para o fato de que esse tipo de afirmação situa claramente a dependência como um fenômeno interno.

A superexploração pode desenvolver-se mediante três formas básicas: na compra da força de trabalho, de maneira imediata, por um salário inferior ao necessário para que ela se reproduza em condições normais. Esse mecanismo se desenvolve na circulação, então não se deve recorrer às características da produção para detectá-la. Por sua vez, é uma forma que viola o valor da força de trabalho a partir de seu valor diário. É, definitivamente, a forma mais grosseira e notória.

Uma segunda forma se realiza pela via do prolongamento da jornada de trabalho. Para entender essa forma (bem como a seguinte) é importante distinguir entre o valor diário da força de trabalho e o seu valor total. Este último é calculado a partir do tempo de vida útil dos trabalhadores em condições históricas específicas. Se supusermos que o tempo de vida útil é de 30 anos, é esse tempo que define seu valor diário. Qualquer quantia menor a esse valor violará a expectativa de vida dos trabalhadores como produtores.

Com a prolongação da jornada, o capital começa a devorar hoje o que corresponde a jornadas futuras de trabalho, o que fará o trabalhador, apesar de contar com um salário diário equivalente a um montante necessário para reproduzir-se em condições normais, não lograr, já que o desgaste físico que sofrerá pelas horas extras de trabalho o impedirá de fazê-lo.

Em outras palavras, nessa forma o capital viola o valor da força de trabalho ao apropriar-se de anos de vida futuros, os quais não podem ser compensados por um salário diário, que equivale a um desgaste normal, ou com pagamentos extras que, no geral, não recuperam o desgaste real.

Essa forma de superexploração só é perceptível passando da circulação (esfera na qual se compra e vende a força de trabalho) à produção (onde a força de trabalho é utilizada). Aqui estamos, de acordo com Marx, frente à forma fundamental de produção de mais-valor absoluto.

A última forma de superexploração se dá pela via da intensificação do trabalho. Assim como na forma anterior, pode-se supor que o valor diário da força de trabalho — no momento da compra e venda — é respeitado. Mas o aumento na intensidade também provoca maior desgaste para o trabalhador e, portanto, menos anos de vida útil, fazendo com que o capital aqui também se apropriará dos anos futuros de trabalho. Com a intensidade do trabalho, viola-se o valor total da força de trabalho, e esta é uma modalidade de superexploração que combina formas de extração de mais-valor relativo e mais-valor absoluto.

Essas três formas de superexploração se articulam, gerando uma estrutura específica, tendendo a predominar uma ou outra de acordo com as condições materiais que a produção apresenta. Assim, por exemplo, nas indústrias mais atrasadas as duas primeiras tenderão a predominar, ao passo que a intensificação do trabalho será a forma fundamental naqueles setores com maiores níveis tecnológicos.

Pelo que foi indicado, a superexploração não pode ser assimilada à ideia de pauperização absoluta nem, exclusivamente, com a produção de mais-valor absoluto. A superexploração responde por processos de violação do valor diário e total da força de trabalho, não pela aniquilação física dos trabalhadores. O desenvolvimento social passa pela incorporação de novos bens ao consumo normal dos trabalhadores, como o rádio, a televisão, as geladeiras etc. O avanço tecnológico e da produtividade permite que esses bens se tornem bens-salário na medida em que barateiam seus preços e multiplicam seu consumo.

Nesse sentido, o valor da força de trabalho encontra-se permanentemente pressionado por um processo contraditório. Tende a aumentar a massa de bens que o conformam e que pressionam a sua elevação. Por outro lado, a produtividade limita seu aumento ao reduzir o preço dos novos bens-salário. Para que a superexploração ocorra, não é necessário, portanto, que os trabalhadores consumam cada vez menos (ideia presente na pauperização absoluta), mas sim que consumam uma massa de bens menor do que aquela que corresponde à reprodução da força de trabalho em condições normais em um dado momento histórico.

Pelas observações feitas sobre a intensidade do trabalho, pode-se entender que a superexploração não se refere exclusivamente às formas mais atrasadas de exploração. Pelo contrário, pode ser acompanhada da introdução dos maiores avanços tecnológicos e de formas avançadas de organização do trabalho.[22]

A ruptura do ciclo do capital

Cada economia capitalista gera formas particulares de como o capital se move pelas esferas da produção e da circulação. Quando esses movimentos se repetem, o ciclo do capital vai deixando rastros que são possíveis rastrear e que constituem informação privilegiada para analisar as características de como a reprodução ocorre.

Uma marca estrutural do capitalismo latino-americano é que seu ciclo do capital, nos diversos momentos pelos quais atravessou, apresenta rupturas nas quais as esferas de produção acabam não se conjugando com as esferas de circulação, mas sim permanecem

---

[22] Para um aprofundamento nessas questões, ver o *post-scriptum* "Sobre a *Dialética da dependência*", do livro *Dialética da dependência* [N. T.: esse texto também foi incluído em Traspadini, R.; Stedile, J. P. (Orgs.). *Ruy Mauro Marini: "Dialética da dependência" e outros escritos*. São Paulo: Expressão Popular, 2022]. Ver o debate de Ruy Mauro Marini com Fernando Henrique Cardoso e José Serra, publicado na *Revista Mexicana de Sociología*, ano XL, v. XL, número extraordinário. Ciudad de México: 1978. [N. T.: No Brasil, foi publicado apenas o artigo de Cardoso e Serra, "As desventuras da dialética da dependência", n. 23, 1979, na revista *Estudos* do Centro Brasileiro de Análise e Planejamento – Cebrap. A não publicação da resposta de Marini, "Las razones del neodesarrollismo (respuesta a F. H. Cardoso y J. Serra)", é considerada como parte do apagamento histórico da influência da vertente marxista da teoria da dependência no país. Nesse sentido, ver Correa Prado, F. "História de um não-debate: a trajetória da teoria marxista da dependência no Brasil". *In: Comunicação & Política*, v. 22, p. 68-94, 2011.] Ver também nosso ensaio: Osorio, J. "Superexplotación y classe obrera: el caso mexicano", *Cuadernos Políticos*, n. 6, outubro-dezembro de 1975, Ciudad de México.

separadas. Em síntese, isso significa que temos um capitalismo no qual a produção pouco tem a ver com as demandas dos setores sociais que a produzem. Produção e realização correspondem a espaços sociais que só se sobrepõem de maneira tangencial.

Na etapa do modelo agro-mineiro exportador, essa ruptura era, inclusive, geográfica. As matérias-primas e alimentos produzidos na América Latina eram destinados aos mercados europeus ou aos Estados Unidos, o que permitia às classes dominantes privilegiar a condição de produtores dos trabalhadores, mas não a de consumidores (o que favorecia mecanismos de acumulação sustentados na superexploração).

Uma vez amadurecida a industrialização, essa defasagem é produzida internamente ao serem implementadas linhas de produção dinâmicas orientadas para satisfazer a esfera alta do consumo local, preterindo aqueles ramos ou empresas que produzem para o mercado constituído pela demanda dos trabalhadores.

Com os parâmetros do novo modelo exportador que surge na última parte do século XX, novamente a ruptura do ciclo do capital ganha expressões geográficas quando os mercados externos se constituem no setor privilegiado da nova economia, em detrimento do mercado interno e, em particular, da esfera baixa do consumo.

A ruptura entre as esferas da produção e do consumo é um dos traços estruturais daquelas formas de reprodução do capital sustentadas na superexploração, tal como ocorre na América Latina.

Formas de inserção da América Latina no mercado mundial

O estudo das formas como os países latino-americanos se inserem nos circuitos do capitalismo é um ponto de partida básico para compreender algumas características que a economia, o Estado e as classes sociais assumirão.

Para os períodos de vigência do modelo agro-mineiro exportador, Cardoso e Faletto distinguem duas formas de relação básica com o mercado mundial, a partir do tipo de propriedade dos principais setores de exportação: as economias de enclave, nas quais o capital estrangeiro é o proprietário dos núcleos exportadores, e as economias de controle nacional, nas quais esses núcleos estão em mãos do capital local.[23]

No primeiro caso, como a economia nacional retém apenas uma parte muito pequena do valor das exportações, já que a maior parte regressa ao país de origem dos investimentos, o desenvolvimento do resto da economia tenderá a ser debilitado. Isso terá repercussões na gestação das classes, que terão menos condições para surgir, e as que o fizerem terão bases materiais débeis.

O Estado-nação, por sua vez, na medida em que a sociedade não conta com uma estrutura social complexa, terá dificuldades para consolidar-se e tenderá a operar mais como uma instância arrecadadora de impostos do enclave.

Essas tendências, traçadas de forma ampla, operarão em sentido contrário nas economias em que os principais setores de exportação estão nas mãos do capital local. O fluxo de recursos para o interior será maior, o que favorecerá o surgimento de novas atividades econômicas e, com elas, a aparição de novos setores sociais. Tudo isso favorecerá uma consolidação mais rápida dos Estados nacionais.

Para além da condição de dependência das economias latino-americanas, há diferenças entre elas, e a tipologia anterior busca oferecer pontos de reflexão que permitam explicá-las.

No mesmo sentido é considerado o problema dos diferentes valores de uso produzidos (e exportados) pelas diferentes economias latino-americanas. Assim, por exemplo, existem valores de uso que, apesar de serem direcionados principalmente para o exterior,

---

[23] Ver Cardoso, F. H.; Faletto, E. *Dependencia y desarrollo en América Latina*, op. cit. p. 39-53.

favoreceram as possibilidades de desenvolvimento de outros setores econômicos. Esse foi o caso da criação de gado e exportação de carne, que possibilitou o desenvolvimento de atividades ligadas à refrigeração, assim como de manufaturas derivadas do processamento do couro.

Por outro lado, os valores de uso carne ou trigo (principais itens de vinculação da Argentina ao mercado mundial sob o modelo agro-mineiro exportador) possibilitam que a indústria exportadora mantenha maior grau de ligação com o mercado interno, desde que esses produtos possam ser facilmente incorporados ao consumo dos trabalhadores. Diferente é a situação daquelas economias cujos valores de uso não estavam em condições de serem processados internamente (pelo atraso industrial e tecnológico) ou de gerar indústrias complementares, como são os casos do estanho (Bolívia), do cobre e do salitre (Chile).

Esses bens, por sua vez, não tinham condições de fazer parte do consumo doméstico, em particular dos trabalhadores, o que exacerbava as tendências para o surgimento de economias desvinculadas do mercado interno desde o ponto de vista da realização. O cruzamento desses fatores (enclave ou controle nacional, tipo de valor de uso) dará um mosaico de formas variadas de desenvolvimento capitalista dependente, com diferenças no plano econômico, social e estatal.

Esses elementos ajudam também a elucidar as diferentes formas como as crises afetaram as economias latino-americanas. Assim, por exemplo, a economia argentina sofreu em menor grau com a crise dos mercados internacionais provocada pela Primeira Guerra Mundial, pela crise dos anos trinta e pela Segunda Guerra Mundial, já que os valores de uso que exportava constituíam elementos fundamentais da cesta de consumo da população do mundo desenvolvido, de sorte que, mesmo que a demanda ou o preço desses bens possa ter caído, a deterioração nunca chegou à magnitude apresentada pelos valores de utilização industrial (salitre, estanho, cobre) ou aqueles que fazem parte das sobremesas do mundo desenvolvido (açúcar, banana, cacau, café etc.).

Dada a situação anterior, também é possível compreender a sobrevivência que a oligarquia exportadora argentina alcançou por muito tempo. Foi uma classe que não foi tão afetada pela crise do modelo exportador como outras congêneres na região. Daí a força que manteve para enfrentar os projetos de industrialização, situação diferente de outras oligarquias exportadoras latino-americanas, que tiveram que se ajustar mais rapidamente aos novos modelos de desenvolvimento.

Os fatores que consideramos nesse ponto, aplicados para o período agro-mineiro exportador, também podem ser levados em conta para períodos posteriores e seguramente nos permitiriam observar fenômenos de grande interesse na nova situação das sociedades latino-americanas.

As limitações teóricas e metodológicas

Ainda que constituam os aportes mais significativos das ciências sociais latino-americanas na compreensão da especificidade regional, os paradigmas do subdesenvolvimento e da dependência apresentam limitações que são necessárias considerar na hora de sua recuperação.

Críticas ao paradigma do subdesenvolvimento

Os aspectos que nos parecem de maior importância na linha do que viemos argumentando são os mencionados a seguir:

Ligação do paradigma do subdesenvolvimento com a teoria do desenvolvimento

Apesar da crítica, incorporada nas obras de Prebisch de meados da década de 1960 e [nos anos] 1970, a proposta cepalina original acaba não rompendo com determinados fundamentos da teoria do desenvolvimento. Algumas premissas dessa teoria seguem de maneira explícita ou nas entrelinhas no discurso cepalino. Sucintamente, são as seguintes:

O subdesenvolvimento como etapa do processo de desenvolvimento
Essa ideia supõe o desenvolvimento como um contínuo frente ao qual se localizam economias em posições mais avançadas e outras mais atrasadas. O problema principal – para as atrasadas – é remover os obstáculos que as impedem de avançar mais rápido. As diferenças entre desenvolvimento e subdesenvolvimento só são expressões de momentos diferenciados de uma metamorfose estrutural que conduz a um mesmo final.

O subdesenvolvimento como resultado de fatores externos
Nesse caso, enfatiza-se a presença de movimentos no comércio internacional que impedem que os frutos do progresso gerados na América Latina permaneçam nessa região. Nessa visão, privilegia-se a ideia de nações afetadas por outras nações e coloca-se um véu sobre os fatores internos e as relações de classes que favorecem a reprodução do subdesenvolvimento.[24] É esse pressuposto que faz com que nas propostas iniciais da Cepal não haja maiores referências à necessidade de realizar reformas na estrutura econômica latino-americana (reforma agrária, reforma distributiva etc.). O próprio Prebisch fará autocrítica a respeito disso em anos posteriores.[25]

---

[24] Uma crítica a essa visão, que se estende a algumas propostas dependentistas, pode-se ser encontrada no ensaio de Weffort, F. "Notas sobre la 'teoría de la dependencia': ¿teoría de clase o ideología nacional?", *Revista Latinoamericana de Ciencia Política*, Santiago do Chile, n. 1, 1971, p. 391-403 [N. T.: edição brasileira: "Notas sobre a 'teoria da dependência': teoria de classe ou ideologia nacional". *Estudos Cebrap*, n. 1, p. 1-24, 1971].

[25] "Até esta etapa [a terceira, que cobre fins dos anos 1950 e começo dos 1970], não havia prestado atenção suficiente ao problema das disparidades de renda, com

A possibilidade de um capitalismo autônomo
Essa foi uma das grandes utopias a que se agarrou o discurso cepalino original. Ao estabelecer relações comerciais internacionais de um novo tipo se supunha possível alcançar autonomia. Como elemento externo, a dependência foi concebida como um processo no qual os movimentos de determinadas economias eram definidos por acontecimentos controlados por outras. A ideia era, portanto, ganhar capacidade de decisão e de definir caminhos próprios. A industrialização, sob direção do Estado, constituía, no discurso cepalino, a pedra angular desse processo. Os fatos posteriores destruíram essa utopia, que partia de pressupostos que impediam a compressão dos laços que uniam os interesses do capital internacional ao capital local. Assim, por exemplo, em um curto espaço de tempo, a burguesia industrial latino-americana (ou, para sermos exatos, sua fração monopólica) acabou associada ao capital estrangeiro e essa aliança passou a definir o rumo do processo de industrialização, fomentando novas "formas de dependência", como ocorreu diante da demanda de capitais, equipamentos e maquinário do exterior. A pretendida autonomia acabou entrando em colapso.

A industrialização como processo que
resolverá o subdesenvolvimento
A fórmula para solucionar os problemas do subdesenvolvimento latino-americano estava na industrialização. Isso permitiria

---

exceção do obsoleto sistema de propriedade da terra. Tampouco havia considerado detidamente, nos primeiros anos da Cepal, o fato de que o crescimento não havia beneficiado as grandes massas populacionais de baixa renda, ao passo que no outro extremo da estrutura social floresciam as altas rendas. É possível que essa atitude tenha sido um vestígio de minha anterior postura neoclássica, onde se supunha que o crescimento econômico corrigiria por si só as grandes disparidades de renda através da ação das forças do mercado." Prebisch, R. "Cinco etapas de mi pensamiento sobre el desarrollo", *Comercio Exterior*, v. 37, n. 5, Ciudad de México, maio de 1987, p. 348.

elevar a produtividade e reter os frutos do progresso técnico, por meio do aumento do emprego e do impedimento da redução salarial e dos preços das matérias-primas. Além disso, permitiria o fim da heterogeneidade estrutural e desataria as forças que nos levariam ao desenvolvimento.

Apenas quando a industrialização avançou bastante, alguns autores vinculados à Cepal constataram que a industrialização não resolvia o que supostamente iria solucionar e, além disso, gerou novos desiquilíbrios (marginalidade, maior concentração de riqueza etc.). Foi assim que surgiram posturas críticas dentro da própria Cepal, como é o caso do trabalho desenvolvido no Ilpes.[26]

O Estado como instância racionalizadora para alcançar o desenvolvimento

Se o mercado apresentou limitações para enfrentar os desafios do subdesenvolvimento, a Cepal passará ao extremo oposto, assumindo que o Estado será uma peça fundamental para colocar em marcha o novo projeto baseado na industrialização. Mas nessa exigência havia um aspecto fundamental: não há questionamento quanto aos interesses sociais presentes no Estado, de modo que ele é concebido como uma instância que estabelecerá uma racionalidade que beneficiará necessariamente toda a nação ou toda a sociedade. A realidade acabou mostrando que o problema não era simplesmente de maior ingerência estatal, mas, fundamentalmente, do conteúdo social de suas políticas. A longo prazo, serão os pequenos setores sociais que acabarão se beneficiando da suposta racionalidade estatal neutra.

---

[26] Como expressão da radicalização do Ilpes, além do trabalho de Cardoso e Faletto, deve-se considerar também o livro de Osvaldo Sunkel e Pedro Paz, *El subdesarrollo latinoamericano y la teoría del desarrollo*. Ciudad de México: Siglo XXI Editores, 1970.

Críticas ao paradigma da dependência

Equívocos no conceito de "superexploração"
O termo, proposto por Marini, não é muito feliz, pois sugere a ideia de *maior* exploração, embora tente dar conta de uma exploração que viola o valor da força de trabalho e de formas que repousam sobre o desgaste e consumo indevido da força de trabalho.[27] Em poucas palavras, é possível ocorrer uma maior exploração sem que o capital se aproprie de parte do valor da força de trabalho. Os mecanismos de mais-valor relativo analisados por Marx levam a essa situação, na medida em que são resultado de uma diminuição *real* do tempo de trabalho necessário. Por isso, a taxa de exploração é maior nos países com maiores níveis tecnológico, já que a elevação da produtividade (nos ramos de bens-salários) reduz o valor da força de trabalho e eleva a cota do mais-valor.

Ausência de estudos que dão conta das diferenças dentro do capitalismo dependente
Dado o grau de abstração de *Dialética da dependência*, não se chegou a concretizações mais precisas para explicar as diferenças entre os países latino-americanos. Esse é um ponto que também merece avanços, para que se possa compreender a complexidade das situações na região.

Muitos críticos, esquecendo o nível de abstração da análise, consideram erradas as teses presentes em *Dialética da dependência*,

---

[27] Na tradução realizada por Wanceslau Roces à edição da FCE de *O capital*, de Marx, fala-se de "exploração redobrada" para dar conta da violação do valor da força de trabalho. Me parece um termo que também leva a equívocos em relação aos processos que busca explicar. [N. T.: na tradução brasileira de *O capital*, da editora Boitempo, também utiliza-se o termo "exploração redobrada".]

sem entender que é um ponto de explicação global do qual se parte para o estudo de situações particulares.[28]

Caminhos fechados no capitalismo
O paradigma da dependência explicitou a impossibilidade de alcançar o desenvolvimento com parâmetros capitalistas para as sociedades latino-americanas, ao menos dentro do capitalismo que conhecemos. A ideia de Frank de que a América Latina só pode esperar, em tais condições, "o desenvolvimento do subdesenvolvimento", sintetiza bem o problema.

Mas, aceitando esta abordagem, o que pode ser feito enquanto essa ordem política não se modifique? Tudo parece indicar que nos encontramos em um beco sem saída em termos de projetos alternativos, e que só nos cabe esperar que o poder político se altere para iniciar a resolução da condição dependente. Esse é um terreno em que o paradigma da dependência deveria oferecer novas respostas e se aprofundar.

Deficiências na relação entre economia e política
O paradigma da dependência aparece vinculado a uma teoria da mudança social, e da política em geral, que requer revisões e atualizações. Por isso, é necessário pensar, pelo menos, os seguintes problemas:
- *em relação aos atores*: estudos sobre a estrutura social e os movimentos sociais e seu papel nos processos de mudança;
- *em relação à democracia e à cidadania*: o clima intelectual em que a teoria da dependência surgiu levou a uma subva-

---

[28] É em *O capitalismo dependente latino-americano*, de Vânia Bambirra, onde se encontra o estudo mais avançado, a partir da teoria da dependência, sobre as diferenças entre os países latino-americanos.

lorização desses elementos, o que requer, no mínimo, uma nova ponderação;
- *ênfase na mudança social e na revolução*: essa postura dificultou a compreensão dos processos de reajuste, readequação e permanência do capitalismo.

Em geral, o paradigma da dependência requer a elaboração de categorias e conceitos que permitam estabelecer as mediações entre a economia e a política, bem como abordar alguns problemas específicos mencionados anteriormente.

Conclusão

Os paradigmas do subdesenvolvimento e da dependência oferecem um ponto de partida fundamental para retomar a América Latina como um problema teórico e buscar avançar na compreensão de sua *originalidade*, questão que ganha expressões no campo econômico, político e cultural.

Ambos os paradigmas oferecem propostas teóricas e metodológicas de grande pertinência, que adquirem maior relevância num momento em que a discussão sobre as especificidades da região volta a ganhar força. Isso requer um esforço crítico que reúna suas propostas e que supere suas limitações – derivadas do erro ou falta de desenvolvimento – das quais esses paradigmas sofrem.

Referências

BAMBIRRA, V. *El capitalismo dependiente latinoamericano*. Cidade do México: Siglo XXI Editores, 1974.

CARDOSO, F. H.; FALETTO, E. *Dependencia y desarrollo en América Latina*. Cidade do México: Siglo XXI Editores, 1969.

CARDOSO, F. H.; SERRA, J. "Las desventuras de la dialéctica de la dependencia", *Revista Mexicana de Sociología*, n. extraordinario, 1978. México: Instituto de Investigaciones Sociales, UNAM.

CEPAL, *Estudio Económico de América Latina 1949*, Santiago, 1973.

CUEVA, A. *El desarrollo del capitalismo en América Latina*. Cidade do Méxio: Siglo XXI Editores, 1977.

DOS SANTOS, T. *Imperialismo y dependencia*. México: ERA, 1978.

ESTAY, J. "La concepción inicial de Raúl Prebisch y sus tranformaciones". *In:* MARINI, R. M.; MILLÁN, M. *La teoría social latinoamericana*, v. 2. México: El Caballito, 1994.

FAJNZYLBER, F. "Industrialización en América Latina: de la 'caja negra' al 'casillero vacío'", *Cuadernos de la CEPAL*, n. 60, Santiago, 1979.

FRANK, A. G. *Capitalismo y subdesarrollo en América Latina*. Buenos Aires: Siglo XXI Editores, 1970.

FURTADO, C. *Subdesarrollo y estancamiento en América Latina*. Buenos Aires: Eudeba, 1966.

GURRIERI, A. "La economía política de Raúl Prebisch". *In: La obra de Prebisch en la CEPAL* (seleção de A. Gurrieri), Lecturas del Trimestre Económico, México, n. 46, v. 1, FCE, 1982.

HODARA, J. *Prebisch y la CEPAL*. México: El Colegio de Mexico, 1987.

MARINI, R. M. *Dialéctica de la dependencia*. México: ERA, 1973.

MARINI, R. "Las razones del neodesarrollismo: respuesta a F. H. Cardoso y J. Serra", *Revista Mexicana de Sociología*, México, n. extraordinário 1978, Instituto de Investigaciones Sociales, UNAM.

MARINI, R. M.; MILLÁN, M. *La teoría social latinoamericana*: textos escogidos, v. 1: *De los orígenes a la CEPAL*, Faculdad de Ciencias Políticas y Sociales, Coordinación de Estudios Latinoamericanos. México: UNAM, 1994.

MARINI, R. M.; MILLÁN, M. *La teoría social latinoamericana*, v. 2. *Subdesarrollo y dependencia*, El Caballito, México, 1994.

OSORIO, J. *Las dos caras del espejo:* ruptura y continuidad en la sociología latinoamericana. México: Triana, 1995.

OSORIO, J. "Superexploração y clase obrera: el caso mexicano", *Cuadernos Políticos*, México, n. 6, octubre-diciembre de 1975.

PREBISCH, R. "Cinco etapas de mi pensamiento sobre el desarrollo", *Comercio Exterior*, v. 37, México, n. 5, mayo de 1987.

RODRÍGUEZ, O. *La teoría del subdesarrollo de la CEPAL*. Cidade do México: Siglo XXI Editores, 1980.

SUNKEL, O.; PAZ, P. *El subdesarrollo latinoamericano y la teoría del desarrollo*. Cidade do México: Siglo XXI Editores, 1970.

WEFFORT, F. "Notas sobre la 'teoría de la dependencia': teoría de clase o ideología nacional?", *Revista Latinoamericana de Ciencia Política*, Santiago, n. 1, 1971

IX. O ESTUDO DA AMÉRICA LATINA FRENTE AO POSITIVISMO E AO PÓS-MODERNISMO[1]

A AMÉRICA LATINA EXISTE? DE QUE FORMA ELA EXISTE? As perguntas anteriores podem parecer supérfluas, por sua aparente obviedade. Nesse capítulo, pretendo demonstrar que não o são e que, na verdade, estão repletas de sentido. A seguir, daremos atenção a dois enfoques que têm um peso significativo no trabalho das ciências sociais da atualidade: me refiro ao positivismo e ao pós-modernismo e às consequências derivadas de suas posições para o estudo da América Latina. Adiantando algumas das conclusões que vamos desenvolver, concluiremos que ambas as posições acabam *desintegrando a América Latina como um problema teórico*, tanto pela mistificação fragmentária que o pós-modernismo fomenta como pelo atomismo social e pelo empirismo que são subjacentes aos fundamentos do positivismo.

Este material é dirigido a todos os interessados nos temas da região que, dada a ausência de formação filosófica na maioria dos cursos de graduação e pós-graduação das ciências sociais, colocam-se temas e problemas de pesquisa sem o mínimo questionamento sobre os pressupostos filosóficos e epistêmicos a elas subjacentes, e

---

[1] Tradução de Gabriel Oliveira de Carvalho Senra.

acabam em trajetórias teóricas onde a moda ou o "cientificismo" se impõem ao rigor que deve prevalecer na academia. Vale indicar que privilegiaremos produzir uma leitura acessível, mas não por isso menos rigorosa no tratamento dos temas abordados.

A difícil construção de um problema teórico

A reflexão sobre a América Latina não ficou alheia às readequações teóricas e filosóficas que atravessaram as ciências sociais nas últimas décadas. De maneira geral, é possível indicar que, nas últimas três décadas do século XX, houve um predomínio marcado, nas pesquisas e nos programas de estudo, do positivismo[2] e do pós-modernismo.[3] Ambos, e por razões diversas, apresentam como característica comum o pouco interesse pela *produção propriamente teórica* e uma rejeição às reflexões holísticas, geralmente acusadas de "essencialismo", "fundamentalismo" e "outros delitos", segundo Zizek,[4] o que fomentou uma forma particular de aproximação ao estudo da América Latina.

O peso de cada um desses enfoques é diferente dentro das disciplinas que compõem as ciências sociais, com o positivismo

---

[2] O positivismo é uma concepção filosófica "que trata de ater-se ao positivo, à experiência, aos fatos, ao dado pelos sentidos e não ao negativo, ao meramente raciocinado, ou ao produzido ou especulado pela pura razão", em Muñoz, J.; Velarde, J. (ed.). *Compendio de epistemologia*. Madri: Trotta, 2002, p. 456.

[3] O pós-modernismo, enquanto corrente filosófica, considera esgotadas as formulações filosóficas da modernidade, tais como a confiança na ciência e na razão como meios para conhecer a natureza e organizar a vida social; a história como um processo contínuo tendendo ao progresso, e no sujeito como encarnação de metas transcendentais. Em geral, a crítica do pós-modernismo a essas filosofias se sintetiza na declaração do fim das grandes narrativas (progressistas e/ou emancipatórias).

[4] Zizek, S. "Multiculturalismo, o la lógica cultural del capitalismo multinacional". *In:* Jameson, F.; Zizek, S. *Estudios culturales:* reflexiones sobre el multiculturalismo. Buenos Aires: Paidós, 2005 [N. T.: edição brasileira: "Multiculturalismo, ou a lógica do capitalismo multinacional". *In:* Dunker, C.; Prado, J. (Orgs.). *Zizek crítico*: política e psicanálise na era do multiculturalismo. São Paulo: Hacker Editores, 2005].

sendo maior na economia e na ciência política e, em menor medida, na sociologia, enquanto o pós-modernismo[5] ganhou espaço significativo na sociologia, na antropologia social e no campo dos chamados estudos culturais.

Perguntar se a América Latina existe não deixa de ser uma perda de tempo para quem parte do positivismo. Sua presença é tão evidente quanto a pedra na qual eles tropeçam. A América Latina é apresentada a eles como um objeto dado, preexistente a qualquer questão. Se alguém duvida, ali estão os mapas para confirmar, com os contornos da sub-região, os países que a conformam, os acidentes geográficos que percorrem. Também estão presentes seus povos e suas culturas. Mas se ainda assim faltam certezas, temos os vários números que nos falam de seu Produto Interno Bruto, número de habitantes, taxas de mortalidade e de natalidade e inúmeros dados econômicos e sociais que confirmam sua existência e movimentos. A tarefa da pesquisa, portanto, é simplesmente observar como ela é, para o qual é necessário refinar os instrumentos, seja para construir novos mapas, novos censos ou outros grupos estatísticos.

Desse ponto de vista, é possível estabelecer constatações, por exemplo, de que quando a economia cresce isso não se converte em desenvolvimento, de que a democracia é frágil, de que as instituições são fracas, e muitas outras. Em geral, esses "problemas"

---

[5] Há uma vertente "desconstrucionista" e "textualista" no pós-modernismo, derivada da vulgarização das colocações de Jacques Derrida, vulgarização que se difunde particularmente a partir de sua leitura nos Estados Unidos e sua aplicação na América Latina principalmente pela via dos estudos culturais. Isso não significa desconhecer que nos escritos do próprio autor argelino-francês estão presentes apontamentos que bebem do pós-modernismo. É frequente, por isso, que se inclua Derrida entre os autores "que insistiram na necessidade de sair da tradição filosófica moderna", e por isso suas posições resultam "afins à sensibilidade pós-moderna". Abbagnano, N. *Diccionario de filosofía*. 4ª ed. México: FCE, 2004, p. 839. [N. T.: Edição brasileira: *Dicionário de filosofia*. São Paulo: Martins Fontes, 2007.]

tenderão a encontrar, a partir do positivismo, suas respostas em modelos (de desenvolvimento, de democracia, de solidez institucional, de inovação tecnológica). O processo histórico das velhas economias do mundo desenvolvido será o caminho a seguir, com suas etapas e tarefas a realizar. Porém, podem aparecer outros modelos, mais atuais, como os "tigres" do Sudeste asiático e, mais recentemente, a China. Ali são feitas tais e quais coisas e de uma maneira que na América Latina não se fez ou se fez mal. Logo, os problemas a serem resolvidos referem-se a uma questão meramente prático-instrumental, porque tanto a *meta* quanto o *caminho* já estão definidos. Deverão ser implementadas determinadas reformas ou transformações. Pouco importa, por exemplo, que na história recente da região contemos com ao menos três décadas nas quais diversas reformas foram realizadas. Como os resultados esperados não foram alcançados (estranha realidade que não consegue compreender a teoria ou o modelo!), sempre existirão novas reformas e novas transformações institucionais para realizar. Sempre haverá um novo modelo para seguir ou imitar.

Estudos desse tipo em geral terminam em uma lista de tarefas que devem ser realizadas para, por exemplo, alcançar o desenvolvimento, estando implícito que quanto maior for essa lista, mais sério se supõe ser o trabalho: deve-se conseguir que a economia ofereça empregos melhores, elevar os salários, parir uma classe empresarial shumpeterianamente empreendedora, indústrias que protejam o meio ambiente, maiores investimentos em inovação tecnológica, melhorar a qualidade da educação, elevar a cultura política, equilibrar crescimento com equidade, integrar-se às novas cadeias produtivas, fazer parte da nova economia do conhecimento e da informação etc. A lista pode ser interminável.

Não deixa de ser curioso: *esses "estudos" terminam exatamente onde deveria começar a investigação*, isto é, perguntando-se por que não temos melhores empregos, nem empresários que paguem melhores salários; por que, quando ocorre crescimento, ele não leva à maior igualdade; quais são as travas para um maior desenvolvimento tecnológico etc.; e sobre tudo, *qual é a explicação de que as coisas sejam assim e não de uma outra maneira*, e não simplesmente tomar nota de como em outros lugares as coisas acontecem de outra maneira, para assim concluir que nossa região também poderia fazê-lo igual. Em suma, por detrás das inúmeras cifras e recomendações evita-se enfrentar o problema, carregado de historicidade e teorização, sobre porque as coisas funcionam nesta parte do mundo de uma determinada maneira e não de outra (ou como gostaríamos que funcionassem).

Para além do imediatismo empírico de uma região ilustrada em um mapa ou do acúmulo estatístico em compêndios, a *América Latina só existe como problema enquanto construção gestada a partir de certas questões que formulamos sobre essa região*. Por exemplo, por que somos subdesenvolvidos? Somos periferia? Por quê? O que nos torna uma economia dependente? A quais consequência internas esses processos levam? Por que participamos de determinadas maneiras na divisão internacional do trabalho? Quais são essas maneiras? Por que a democracia é breve e frágil na história regional? É verdade que o Estado-nação ainda não terminou de constituir-se na região? É possível que possamos funcionar de maneira semelhante a outras regiões? Existe alguma lógica que estruture e dê sentido aos movimentos da economia, da política, da cultura regional? Fazer esse tipo de perguntas *implica abandonar o pressuposto de que a região é um objeto dado* e, ao contrário, *assumi-la como uma questão problemática*, que exige perguntas e respostas hipotéticas, que devem ser abordadas no trabalho de investigação.

Não é um tema menor apontar que *a formulação de perguntas* como as anteriores ou outras questões, *supõe o conhecimento de teorias*. Como poderia surgir a questão de sermos periferia ou não, se desconhecemos as noções de um sistema mundial capitalista e o papel diferenciado das regiões nesse sistema em termos de acumulação/desacumulação de valor, que nos leva a falar de centros e periferias? Como poderíamos falar de processos se não contamos com alguma teoria que nos indique tendências, sentidos, orientações? Essas teorias funcionam como cartografias:[6] nos oferecem pontos de referência para orientar-nos nos movimentos de investigação.

Pode-se dizer que se trata de julgamentos *a priori*, enunciados que devem ser abandonados para a realização da pesquisa. Note-se que não há como abandoná-los e que o problema é, em realidade, explicitá-los, não os ocultar ou acreditar que podemos fazê-los desaparecer, como supõe o positivismo: sua própria ideia de que o objeto de pesquisa preexiste com independência do sujeito que conhece e interroga constitui um *a priori* que atravessa todas as dimensões de sua proposta sobre o que e como conhecer.

A partir daqui podemos compreender o desprezo teórico (e filosófico) que atualmente prevalece nos gabinetes e salas de aula das universidades, incentivado, nesse caso, pelo positivismo. Por que perder tempo com especulações teóricas ou filosóficas, quando se trata de "ir à realidade", já constituída, preexistente? Contudo, nem as sofisticações estatísticas e de modelagem, nem a desmesurada acumulação de dados, tão caras ao positivismo, resolvem suas insuficiências teóricas.[7] Esquecem que as estatísticas não falam por si. Além disso, sempre serão necessárias teorias, não apenas para

---

[6] Ver, por exemplo, Osorio, J. "Una cartografia para redescobrir América Latina", *Nueva Sociedad*, n. 196, Caracas, março-abril de 2005.

[7] Evitemos equívocos. A crítica não é ao uso de estatísticas, da matemática nem de modelos matemáticos, mas à crença positivista de que esses recursos suprem a ausência de teorização e constituem a garantia de cientificidade, o que leva à sua reificação. Sob essa lógica, os egressos dos cursos de economia acabam sendo mais "engenheiros" (comerciais, como são chamados no Chile) do que economistas.

formular perguntas, mas também para *construir* informação,[8] bem como para analisá-la.

A desconstrução da América Latina

O empirismo positivista, com suas roupagens pseudocientíficas, não consegue ocultar sua pobreza teórica e o desarme que propicia para o estudo da América Latina e dos problemas que atravessam a região. Do outro extremo, sem reivindicar cientificidade, antes discutindo sua relevância, o pós-modernismo acaba operando na mesma direção.

Lyotard foi o encarregado de proclamar o fim dos grandes relatos e de toda formulação teórica que buscasse uma explicação geral e abrangente da história, da modernidade (e do capitalismo).[9] Nos enunciados pós-modernos, existiam justificativas em sua crítica à abordagem iluminista das ciências e da razão instrumental que as orientava, embora isso tenha ocorrido sem qualquer discriminação, o que significava virar a página nas ciências e reiniciar uma prática nova do zero. Porém, para além desta pretensão fundante, são as suas propostas para lidar com os males apontados que consideramos problemáticas.

A crítica aos grandes relatos significava, de fato, reivindicar a centralidade de um novo metarrelato,[10] aquele que declara o "pequeno relato [...] como a forma por excelência assumida pela

---

[8] Definir a pobreza e a miséria, por exemplo, constitui atualmente um campo de fortes discussões teóricas, não só estatísticas, para indicar as fronteiras onde começam uma e outra. O mesmo poderia ser afirmado a respeito dos indicadores de democratização. Qualquer indicador estará atravessado por uma teoria, seja da pobreza, seja da democracia, ou sobre qualquer outro tema, e não é de se estranhar que existam variadas e controvertidas posições.

[9] Lyotard, J. F. *La condición posmoderna*. Madri: Cátedra, 1994 [N. T.: ed. bras. cit].

[10] O próprio Lyotard diz: "os grandes relatos se tornaram pouco viáveis. Estamos tentados a crer, portanto, que *há um grande relato* do declínio dos grandes relatos". *In: La posmodernidad*. 6. ed. Barcelona: Gedisa, 1999, p. 40 (itálico nosso).

invenção imaginativa, e, claro, pela ciência".[11] O que se questionava não era apenas a ideia de um progresso no devir da história (apontada também por outras vertentes). No fundo, foi a própria razão, enquanto capacidade de buscar a explicação do mundo (social), que se pôs em questão. Uma nova versão do irracionalismo *epistemológico* tomava forma.[12]

A reivindicação do abandono das pretensões teóricas generalizantes, de toda perspectiva holística, deixou a América Latina como um substantivo sem maior conteúdo problemático, na melhor das hipóteses como receptáculo de reflexões fragmentárias. O singular e o diverso tornaram-se o critério de demarcação dos objetos de investigação. Com isso, a América Latina tendeu a ser diluída em várias partes e segmentos provenientes de todos os campos disciplinares e dos estudos culturais.

O manifesto pós-moderno encontrou seguidores em um campo muito mais amplo do que aqueles que se reconhecem filosoficamente com esse enfoque. De maneira gradual, temas postos em relevo pelo pós-modernismo e previamente esquecidos ou relegados, como o das identidades, o multiculturalismo, a pluralidade de movimentos sociais etc., bem como diversas novas categorias (entre as mais usadas, desconstrução, textualidade, jogos de linguagem etc.), tornaram-se vocabulário comum na academia. Em um âmbito mais restrito, suas abordagens filosóficas

---

[11] Lyotard, J. F. *La condición posmoderna*, op. cit., p. 109.
[12] Entre as posturas irracionalistas radicais "poderíamos citar os sofistas. Entre eles se generalizam e estendem, como atitudes intelectuais, tanto o *relativismo* (não há verdade absoluta) como o *ceticismo* (se há verdade absoluta, é impossível conhecê-la) [...]". *In:* Muñoz, J.; Velarde, J. (ed.). *Compendio de epistemologia, op. cit.*, p. 365. Ali se estabelece a distinção entre o irracionalismo *epistemológico* – que postula que "a razão não pode conhecer o real (ou somente pode fazê-lo em parte)", de modo que "o real seja acessado por via de outros conhecimentos", diferentes aos da razão, como a intuição ou o coração, posição na qual se colocaria o pós-modernismo – e o irracionalismo *metafísico*, que defende "o caráter absurdo e insensato da realidade", *op. cit.*, p. 365-367.

e as do desconstrucionismo derridiano passaram a fundamentar posições consistentes.

O mal-estar com a totalidade

Uma das derivações da exigência pós-moderna ao fim dos grandes relatos refere-se à sua recusa ao postulado da totalidade, geralmente associado ao totalitarismo, visão que compartilha com o positivismo. O que significa apreender a realidade como totalidade? De maneira breve, significa dar conta do processo de articulação e estruturação da vida social, daquilo que a organiza e hierarquiza e que acaba lhe dando sentido em alguma temporalidade específica. Em nossa época, é a lógica do capital e seu imperativo de valorização, que marcam de maneira indelével as relações humanas e o mundo institucional que as acompanha.[13]

Esta lógica é prioritariamente um campo de relações sociais que atravessam a região e a reprodução social, formando um quadro que impõe sua marca sobre toda a vida em sociedade. O afã de valorização do capital repercute na vida material e espiritual: as formas do trabalho e da vida sexual, as guerras e as subjetividades, o poder e a rebelião, para mencionar alguns campos e temas, que ganham maior inteligibilidade nessa órbita relacional. O conhecimento sobre as partes será superior se elas estiverem estabelecidas no terreno das relações em que estão integradas e articuladas.

A mistificação pós-moderna dos fragmentos, expressada na forma como aborda a diversidade cultural, na segmentação e deslocamento do poder, ou nas identidades fragmentadas, nos deixa no terreno da fetichização da ausência de relações em um mundo capitalista que opera, pelo contrário, como totalidade, fortemente articulada e centralizada, mas que se apresenta descentralizado,

---

[13] O tema da totalidade foi desenvolvido mais extensamente no capítulo I desse livro.

desterritorializado e segmentado.[14] Por isso, uma questão fundamental na etapa atual é explicar por que um sistema tão centralizado requer tanta descentralização em seu desdobramento e funcionamento.

A recusa pós-moderna à totalidade não é alheia, não tanto em suas premissas, mas em suas consequências, às propostas do positivismo, que também se encontra impossibilitado de assumir a América Latina como uma totalidade. Isso responde aos fundamentos do individualismo metodológico que o alimentam, os quais indicam que os coletivos (sejam Estados, nações, sociedade, classes sociais, regiões ou o sistema mundial) "não atuam, não têm interesses; os coletivos não têm planos, ainda que possamos dizer (por razões de simplicidade) que os indivíduos atuam, têm interesses, planos etc. Quem verdadeiramente atua, têm interesses, planos etc., é o indivíduo".[15]

Nessa perspectiva, a América Latina nada mais é do que uma convenção ("por razões de simplicidade") da soma de estatísticas econômicas, sociais e políticas das nações, e das médias e outras sofisticações baseadas nessas cifras.

Entre o geral e o particular

A crítica pós-moderna aos grandes relatos também implica a recusa, em certos aspectos justificada, às pretensões de teorias

---

[14] Ver Grüner, E. "El retorno de la teoría crítica de la cultura: una introducción alegórica a Jameson y Zizek". *In:* Jameson, F.; Zizek, S. *Estudios culturales*: reflexiones sobre el multiculturalismo, *op. cit.*, p. 57. Pararmos nesse último nível é permanecer no imediato, sem capacidade de indagar pelo que é velado e ocultado, aquilo que articula e relaciona.

[15] Schwartz, P.; Rodríguez Braun, C.; Méndez, F. (Org.). *Encuentro con Karl Popper*. Madri: Alianza, 1993, p. 29. Em *La miseria del historicismo* (Madri: Alianza/Taurus, 1973), e em *La sociedad abierta y sus enemigos* (Madri: Paidós, 1981), são encontradas as críticas de Popper ao holismo e maiores fundamentações ao individualismo metodológico [N. T.: ed. bras. cit, e *A sociedade aberta e seus inimigos*. Belo Horizonte: Ed. Itatiaia; São Paulo: Edusp, 1974].

(e/ou de seus divulgadores) que só contemplavam leis gerais, incapazes de explicar o singular. Deve-se dizer, no entanto, considerando o que foi dito no ponto anterior, que não é a melhor solução para esse problema assumir a posição que se encontra no outro extremo, de reificação do singular e do particular. Isso nos remete aos antigos debates do final do século XIX na Alemanha sobre o método, onde se apontava que o específico das ciências era sua capacidade de estabelecer leis gerais (ciências nomotéticas) em comparação com aqueles que indicavam, ao contrário, a compreensão do particular (ciências idiográficas) como especificidade das ciências humanas.

Essa dicotomia se apresenta hoje como uma falsa disjuntiva. A explicação do geral não precisa divergir da compreensão do particular. Aliás, *é no geral que o particular ganha sentido. Mas é também no particular que o geral alcança significado.* Os movimentos indígenas e camponeses que surgiram em Chiapas ou na Bolívia, por exemplo, encontram-se imbricados em uma miríade de redes, tecidos sociais, relações e processos que, se desconsiderados, nos deixam mal amparados na hora de tentar explicar sua situação e conduta social. No entanto, por sua vez, as relações capitalistas (gerais) que atravessam esses tecidos ganham sentido compreendendo a singularidade do mundo social em Chiapas ou na Bolívia. Em resumo, o capitalismo é um só, mas não é o mesmo em todos os lugares.

A América Latina não é uma região onde as tendências gerais são simplesmente aplicadas ou desenvolvidas, seja da globalização ou do capitalismo como sistema mundial. Se havia algo que os teóricos do subdesenvolvimento e da dependência, por exemplo, buscaram desenvolver, foi uma proposta de interpretação que desse conta, dentro das tendências gerais do capitalismo, da particularidade da região. É daí que surgiram com força as ideias de um capitalismo *periférico*, ou de um capitalismo *dependente*, isto é, de um capitalismo particular, adjetivado, para indicar lógicas de reprodução diferenciadas das que o capitalismo apresenta em outras regiões (centros) ou o capitalismo em geral.[16] Mas não se deve esquecer que, dentro do capitalismo periférico ou dependente, a Guatemala não é igual à Argentina, ou El Salvador ao Brasil. A particularidade continua sendo um requisito para entender e enriquecer a tendência geral.

Dos tempos: teorias na perspectiva da derrota

Não é qualquer questão o fato de que o novo auge do positivismo e a ofensiva pós-moderna, que podem ser localizados desde o fim da década de 70 do século XX, coincida com o surgimento e avanço do projeto de reestruturação da economia e da política mundial, sob os interesses do grande capital internacional, processo conhecido vulgarmente como globalização. Não pretendo estabelecer um tipo de relação causa-efeito em nenhuma direção. Contudo, tampouco creio que seja irrelevante apontar pelo menos a simultaneidade desses dois processos, um no campo teórico-filosófico e outro no campo da organização social nos âmbitos mundial, nacional e local.

Após afirmações como "o grande relato perdeu sua credibilidade, seja qual for o modo de unificação que lhe foi atribuído: relato especulativo, relato da emancipação",[17] Lyotard põe o pós-modernismo pelo menos em uma posição cética diante das abordagens que falam de mudança e transformação social. Por

---

[16] Com argumentos tão simples como a presença de focos de pobreza em Nova York ou Paris e a de enclaves de riqueza em Hong Kong ou Manila, Michael Hardt e Antonio Negri refutam a pertinência de continuar falando de periferias e centros, *In:* Negri, A.; Hardt, M. *Imperio.* Buenos Aires: Paidós, 2002 [N. T.: edição brasileira: *Império.* Rio de Janeiro: Record, 2001]. No capítulo VI do livro *El Estado en el centro de la mundialización: la sociedad civil y el asunto del poder* (México: FCE, 2005), realizo uma crítica a essa posição [N. T.: ed. bras. cit.]

[17] Lyotard, J. F. *La condición posmoderna, op. cit.,* p. 73.

isso, Bensaid indica que "a rejeição pós-moderna das 'grandes narrativas', aquelas do Iluminismo, assim como as da epopeia proletária, não significa somente uma crítica legítima das ilusões do progresso associadas ao despotismo da razão instrumental. Significa também uma desconstrução da historicidade, uma corrida ao culto do imediato, do efêmero, do descartável, na qual projetos de médio prazo não têm mais lugar".[18]

O desencanto político em um amplo campo intelectual marxista, após a invasão soviética que pôs fim à Primavera de Praga, na Tchecoslováquia, e particularmente o fracasso das revoltas do maio francês de 1968, tiveram consequências teóricas e políticas que acentuaram o desacordo com o socialismo realmente existente e o ceticismo frente à ideia de revolução, fomentando novas formas de pensar que terão correlatos na gestação da abordagem dos chamados "novos filósofos" e do pós-modernismo.[19]

Processos que vão na mesma direção tenderam a ocorrer na América Latina. Após a grande ebulição e prolífica produção teórica após o triunfo da Revolução Cubana e que se prolonga até o fim do governo de Salvador Allende, no Chile (1973), a violenta contrarrevolução desencadeada inicialmente no Cone Sul da América Latina, sob a forma principal de golpes militares, deu início a um período de refluxo teórico que só começou a ser revertido no

---

[18] Bensaid, D. "Teoremas de la resistencia a los tiempos que corren", *Memoria*, México, n. 190, dezembro de 2004, p. 34 [N. T.: edição brasileira: *Os irredutíveis: teoremas da resistência para o tempo presente*. São Paulo: Boitempo, 2008]. Bensaid define o "médio prazo" como o tempo político por excelência. Por isso acrescenta que "na combinação dos tempos sociais, a temporalidade política deve continuar aquela do meio-termo, entre o instante fugidio e a eternidade inacessível", *idem*.

[19] Alex Callinicos, referindo-se particularmente à França, indica que "a odisseia política da geração de 1968 é crucial para entender a difundida aceitação da ideia de uma época pós-moderna nos anos oitenta. É esta a década em que os radicais dos anos sessenta e setenta [...] haviam perdido toda a esperança no triunfo da revolução socialista e muitas vezes haviam deixado de crer inclusive que uma revolução semelhante fosse desejável". *In:* Callinicos, A. *Contra el pós-modernismo*. Bogotá: El Áncora, 1998, p. 316.

fim dos anos 1980. Mas tanto nas organizações políticas quanto no campo intelectual, houve um giro nada insignificante: de um contexto em que predominava a ideia de que a mudança social e as revoluções eram possíveis, passou-se a outro em que, agora, se exige o realismo político, que nada mais é do que a suposição de que não há mudança viável e que só resta conviver com uma ordem social que alguma vez se acreditou poder superar.

Em seu clássico estudo sobre as revoluções científicas, Thomas S. Kuhn indica que, nessas revoluções, ainda que surjam novas respostas para os velhos e novos problemas, também são produzidas perdas em termos de conhecimentos já alcançados.[20] Em relação aos efeitos dos giros teóricos das últimas três ou quatro décadas e suas implicações para a América Latina, não creio que o balanço seja muito alentador. É possível e necessário apontar os problemas presentes nos estudos realizados entre os anos 1950 e 1970 para explicar as particularidades da América Latina, onde surgiram as noções de centro-periferia, deterioração dos termos de troca, intercâmbio desigual, colonialismo interno, articulação de modos de produção, dependência, desenvolvimento do subdesenvolvimento, superexploração do trabalho e outras, particularmente da mão de Raúl Prebisch, André Gunder Frank, Pablo González Casanova, Agustín Cueva, Theotonio dos Santos, Vânia Bambirra e Ruy Mauro Marini. Mas também é necessário apontar que suas obras não têm equivalentes em relação à produção posterior na região.

Atualmente, avançou-se no destaque da relevância de inúmeros temas, sujeitos e fenômenos não vistos naqueles anos ou que foram

---

[20] "Um balanço das revoluções científicas revela a existência tanto de perdas como de ganhos e os cientistas tendem a ser particularmente cegos para as primeiras." Khun, T. S. *La estrutura de las revoluciones científicas*. México: FCE, 1991, p. 257-258 [N. T.: edição brasileira: *A estrutura das revoluções científicas*. São Paulo: Editora Perspectiva, 2013].

simplesmente rejeitados. Mas essa riqueza numérica e temática (embora com a perda de atenção para questões difíceis, como a política, por exemplo, as do poder, do Estado, da mudança social) acaba não encontrando referentes teóricos que lhes deem sentido e que permitam situá-los em um marco interpretativo geral. A riqueza descritiva e hermenêutica foi feita alentando a pobreza explicativa. Assim, a fragmentação se multiplicou, mas sem que essa multiplicação nos permita compreendê-los melhor.[21]

Um dos fatores que operam nessa situação, a partir do campo teórico, é que daqueles autores e de suas teorias não só foram abandonadas suas respostas, como também as perguntas que formularam. Mas vale a pena insistir: a condição capitalista e a condição periférica ou dependente perderam importância para abordar explicações que deem sentido ao modo de ser e de se reproduzir da região? As transferências de valor da periferia para o centro e as inter-relações estabelecidas pelo capital local com o capital transnacional perderam importância para compreender a condição de dependência e de subdesenvolvimento? A superexploração do trabalho perdeu sua importância como uma das chaves do ser dependente? O que a desintegração causada pela economia dependente tem a ver com as dificuldades de articular Estados integrados por meio de consensos sociais amplos e estáveis? A fragilidade da democracia tem relação com as diferenças em termos de cultura política ou com fatores estruturais como os mencionados anteriormente?

---

[21] Zizek exemplifica assim: "a problemática do multiculturalismo – a coexistência híbrida de diversos mundos culturalmente diversos – que hoje se impõe é a forma de manifestação do seu oposto: da presença maciça do capitalismo como sistema mundial *universal* [...]. Hoje, a teoria crítica – sob o traje de 'crítica cultural' – está oferecendo o último serviço ao desenvolvimento irrestrito do capitalismo ao participar ativamente no esforço ideológico de fazer invisível a presença dele [...]". *In:* Jameson, F.; Zizek, S. *Estudios culturales: reflexiones sobre el multiculturalismo*, *op. cit.*, p. 175-6.

Qualquer que seja a avaliação dos processos políticos que atravessam a reflexão sobre a América Latina, a verdade é que *as novas reflexões florescem na América Latina a partir da derrota*, após violentos processos de disciplinamento social, que atingiram, como não podia deixar de ser, a academia. Nesse novo contexto, que instaura um certo "espírito de época", é que assistimos a uma mudança acelerada nos referenciais teóricos, com a presença de muito mais interlocutores teóricos dos que foram aqui consideramos, e com perspectivas políticas diversas. O surgimento de novos "temas", muitos deles de relevância, não pôde suprimir o afã (político, ou simplesmente "da moda" e/ ou das pressões acadêmicas de ter que mostrar credenciais de "estar atualizado") de substituir (ou definitivamente abandonar) os velhos (porém sempre atuais) problemas relacionados às classes, à exploração, à dominação capitalista. Assim, do sistema mundial capitalista passou-se a falar da globalização; de economias centrais e imperialistas, a uma noção de império, sem centro, deslocado e desterritorializado; das classes sociais, à sociedade civil e a inúmeros novos e velhos sujeitos (mais propriamente "atores"); dos debates sobre o poder e o Estado, às análises das transições e estudos eleitorais; da dominação, à governabilidade; do estrutural, ao contingente, ao efêmero, a um mundo social privado de seu conteúdo, no máximo com redes; do estudo de "uma época [...] através de suas manifestações – suas obras – e expondo as raízes sociais dessas formas simbólicas",[22] a um pastiche cultural considerado interdisciplinar, porque leva de tudo um pouco, com base na "epistemologia do *shopping*" (como quem carrega um carinho de supermercado), com ênfase na "graça

---

[22] Altamirano, C. (dir.). *Términos críticos de la sociología de la cultura*. Buenos Aires: Paidós, 2002, p. XII. A citação indicaria a visão de Mannheim sobre os estudos culturais.

social, no ritmo e nos passos que moldam a dança da vida";[23] das perguntas clássicas da economia (o que se produz, como se produz, para quem se produz), às curvas de oferta e demanda e à econometria com seus modelos e sofisticações estatísticas.

As ciências sociais e a filosofia como discursos literários

Após seu surgimento com um perfil crítico, o desconstrucionismo, que nasce na França, chega à academia dos Estados Unidos nos anos 1980 e senta base nos departamentos de letras, dando vida aos *cultural studies*, alheios à proposta anglo-saxã quanto aos estudos culturais realizados por Raymond Williams, E. P. Thompson, Terry Eagleton, e continuada por Fredric Jameson e Slavoj Zizek,[24] em que a cultura não é indiferente a um tempo histórico nem à reprodução e às contradições da vida social. É importante destacar que essa passagem marcará uma virada na forma como a proposta teórica de Derrida é assumida, "transformando-se [...] de uma corrente filosófica em, basicamente, um método de análise textual".[25]

Muito rapidamente o desconstrucionismo se espalhou para diversas áreas das ciências sociais, quando seus vulgarizadores assumiram, com todas as letras, a afirmação de Derrida de que "não há (nada) fora do texto",[26] dando vida ao que foi qualificado como "imperialismo textual" ou "pantextualismo": os discursos

---

[23] Canclini, N. G. "De como Clifford Geertz y Pierre Bourdieu llegaron al exilio". *In: Diferentes, desiguales y desconectados: mapas de la interculturalidad.* Barcelona: Gedisa, 2006 [N. T.: *Diferentes, desiguais e desconectados: mapas da interculturalidade.* Rio de Janeiro: Editora UFRJ, 2005].

[24] E que de diversas formas encarrega-se do que foi produzido por Gramsci, Lukács, Benjamin, Adorno, Sartre, Marcuse, entre outros.

[25] Palti, E. "Deconstruccionismo". *In:* Altamirano, C. (dir.). *Términos críticos de la sociología de la cultura, op. cit.*, p. 63.

[26] Derrida, J. *De la gramatología.* Ciudad de México: Siglo XXI Editores, 1986 [N. T.: edição brasileira: *Gramatologia*. São Paulo: Editora Perspectiva, 2013].

científicos podem ser assumidos como um discurso a mais, sem referência a nada além de si mesmos, ignorando "aquilo que ultrapassa o discurso [...], aquilo que não pode se reduz ao 'texto', embora dependa dele para fazer-se *aparente*".[27] Em suma, ignorar a necessidade de "uma teoria que reconheça *alguma* diferença entre o real e o discurso".[28]

Na base desse postulado encontra-se uma abordagem particular sobre a relação entre discurso e realidade, que desvaloriza o significado da realidade. O caminho pode ser descrito assim: o pós-modernismo faz uma distinção entre *independência causal* (por exemplo, as montanhas existem independentemente de as "pessoas terem em mente a ideia de montanha ou em sua linguagem a palavra montanha", de modo que "uma das verdades óbvias sobre as montanhas é que elas já existiam antes de que começássemos falar sobre elas")[29] e *representação causal* (em que "não faz sentido perguntar se as montanhas realmente existem ou se é apenas conveniente falar de montanhas", já que *"não faz sentido perguntar se a realidade é independente de nosso modo de falar dela"*[30] ou de nossas representações). E "não faz sentido" porque não temos outra forma de referirmos à realidade que não sejam as linguagens e algum sistema de representações. E uma vez que não há nenhuma "validação metafísica" entre as palavras ou as representações e as coisas, nada nos garante que haja algo além das palavras e representações.[31]

O anterior, nas palavras de Eagleton, constitui "um retorno ao Wittgenstein do *Tractatus Logico-Philosophicus*, que sustentava

---

[27] Grüner, E. "El retorno de la crítica de la cultura: una introducción alegórica a Jameson y Zizek", *op. cit.*, p. 49.
[28] Grüner, E. *Op. cit.*, p. 48.
[29] Rorty, R. *Verdad y progreso*. Barcelona: Paidós, 2000, p. 100 [N. T.: ed. bras. cit.].
[30] *Idem* (itálico nosso).
[31] Nessa lógica, seguindo Wittgenstein, Rorty se pergunta: "foi encontrada uma maneira de se colocar entre a linguagem e seu objeto...?", *op. cit.*, p. 124.

que, posto que nossa linguagem nos 'dá' o mundo, ela não pode simultaneamente falar de sua relação com ele".[32] Se não há realidade fora da linguagem possível de conhecer, a própria ideia de verdade permanece como um tema não epistêmico, ou melhor, um não problema. Por isso, Rorty aponta que "se reconheço o que alguns filósofos disseram sobre a verdade, é na esperança de desacreditar aqueles que continuam prestando atenção a esse tema um tanto estéril".[33]

Uma consequência desse processo foi a literaturalização do discurso nas ciências sociais, que ao tornar-se autorreferenciado, sem os constrangimentos de um "algo" para além do texto, levou ao apagamento das fronteiras entre literatura e ciência e entre literatura e filosofia.[34] Nesse contexto, agora pela lógica do pós-modernismo desconstrucionista, a teoria perde importância. A estética do discurso é mais importante do que o rigor epistêmico e conceitual, estas últimas consideradas barreiras à liberdade criativa. Assim, a América Latina acaba sendo tratada, principalmente, como parte de um "jogo de linguagem".

A desvalorização da filosofia

Os estudos sobre a América Latina também são realizados no contexto de velhos problemas que perpassam as ciências sociais, renovados e reciclados pelo auge dos enfoques positivista e pós-

---

[32] Eagleton, T. *Las ilusiones del posmodernismo*. Buenos Aires: Paidós, 2004, p. 67 [N. T.: edição brasileira: *As ilusões do pós-modernismo*. Rio de Janeiro: Zahar, 1998].

[33] Rorty, *op. cit.*

[34] Uma defesa dessa postura pode ser vista em Rorty, R. *Ensayos sobre Heidegger y otros pensadores contemporáneos*. Barcelona: Paidós, 1993, segunda parte, p. 125-82 [N. T.: edição em português: *Ensaios sobre Heidegger e outros*. Lisboa: Piaget, 1999]. Não ignoramos que a filosofia pode fazer uso de recursos literários e que a literatura se utiliza de recursos filosóficos. A produção de Jorge Luis Borges está aí para demonstrar isso. Mas isso não significa desconsiderar as particularidades de cada área. Nesse sentido, fica claro que Borges não é filósofo em *stricto sensu*.

-moderno desconstrucionista. Isso é o que acontece com a antiga e conflitiva relação entre ciências sociais e a filosofia.

Baseando-se em Wittgenstein, o pós-modernismo nega "a possibilidade de um metadiscurso onicompreensivo"; "sua ruptura com a razão totalizante apresenta-se como um 'adeus' às grandes narrativas – *les grands récits* – (emancipação da humanidade, por exemplo), por um lado, e ao fundamentalismo por outro"; o *grand récit* "da filosofia, da ciência [...] deixou de ocupar o papel prioritário e deixou de ser o princípio legitimador".[35] A ressignificação do pequeno relato e da fragmentação, desprezando toda busca de explicações gerais e da noção filosófica de totalidade; a recusa das condensações estruturais e da ideia de continuidade (e, portanto, de processo) na história, leva a destacar apenas as contingências e as descontinuidades.[36] Esses e outros posicionamentos (como os mencionadas anteriormente sobre realidade e verdade, a proclamada liberdade epistemológica, o recurso literário acima do rigor conceitual) estabelecem uma forma particular de aproximação, análise e compreensão dos fenômenos sociais e do estudo da América Latina em particular.

O positivismo, por outro lado, segue fazendo sua a visão que marcou o surgimento da economia neoclássica e da sociologia no final do século XIX, e que defendia que as ciências deveriam distanciar-se das formulações filosóficas para poder efetivar-se como tais, já que aquelas estão carregadas de supostos metafísicos que, caso recuperados, nos fariam retornar a períodos pré-científicos, em que a especulação sentava bases reais. O positivismo nunca compreendeu que toda ciência – e com ela as ciências sociais – se

---

[35] Muñoz, J.; Velarde, J. *Compendio de epistemología, op. cit.* p. 369.
[36] Os pós-modernos não compreendem que contingência, descontinuidade, parte etc. constituem expressões de uma realidade que necessariamente contém a outra dimensão que com esses termos pretende-se negar: necessidade, continuidade, totalidade etc.

funda em princípios filosóficos, seja para definir o que é a realidade, seja para estabelecer critérios (um método, um caminho) para conhecê-la. Assim, por exemplo, certas variantes da economia neoclássica e do liberalismo político constroem suas teorias sobre o pressuposto de uma determinada natureza humana, egoísta, racional, possessiva, concluindo que as ações dos homens, ao operar em qualquer uma dessas lógicas, acabariam gerando efeitos positivos para a sociedade. Essa proposta se opõe aos que postulam que o comportamento social obedece a condições históricas, o que nega a existência abstrata e a-histórica de qualquer natureza humana.

Já indicamos que existem teorias que assumem o indivíduo como ponto de partida para sua construção, como unidade empírica que raciocina, atua e decide, dando vida ao individualismo metodológico, posição que está na base da economia neoclássica, da *racional choice* e da teoria weberiana da ação, para mencionar alguns corpos teóricos significativos. Diante delas estão outras formulações que supõem a sociedade como um sistema de relações e que indicam que é somente decifrando esse campo de relações que a ação individual e a coletiva pode se tornar inteligível. Em tudo isso existem implicações filosóficas que, se fossem manifestadas e discutidas de maneira aberta, tornariam mais compreensíveis os problemas e horizontes de visibilidade das diversas teorias e paradigmas e que minariam a nítida separação entre ciência e filosofia.

Nessa perspectiva, não é um problema menor a ausência de cursos de filosofia e, em particular, de epistemologia nos programas de estudos dos cursos de ciências sociais, tanto de graduação quanto de pós-graduação. Conhecer os fundamentos filosóficos das teorias permite revelar os pressupostos sobre as quais estas se constroem, e dá melhores condições para compreender o horizonte de visibilidade que nos oferecem, tanto no que privilegiam e iluminam como problemas centrais, quanto sobre os pontos cegos que tendem a apresentar.

A América Latina como somatória de perspectivas disciplinares

A América Latina é um objeto de pesquisa complexo. São formulados temas de estudo sobre a região a partir de todas as ciências sociais e estudos culturais. Isso poderia ser uma vantagem em termos de conhecimentos. Acrescentemos o que cada disciplina nos diz e assim, então, já estaríamos na interdisciplinaridade, categoria que parece convocar todo tipo de consensos e bondades. No entanto, esse procedimento apresenta vários problemas. As perspectivas disciplinares, ao dividir a realidade social e ter corpos teóricos e conceituais autorreferidos, isto é, que não permitem uma transição fluída e rápida aos conceitos e categorias de outras disciplinas, impedem ou dificultam as ditas junções que esta visão supõe. Seguramente a América Latina nos escapará das mãos e no máximo teremos conseguido construir uma *collage*, maior ou menor, feita de peças bem ou mal costuradas. Contudo, as perguntas que nos remetem ao que é a América Latina seguirão nos rondando sem respostas.

Conclusão

Trazer à tona temas como os aqui abordados não significa rejeitar tudo o que uma determinada escola produz. Tampouco significa desconhecer seu papel legítimo e seu lugar no mundo das ideias no campo acadêmico. Pois esse tipo de exercício deveria ser feito com todas as correntes teóricas e filosóficas. Nenhuma deveria ser excluída do juízo da razão. Mas estamos testemunhando um clima acadêmico onde prevalece o "vale tudo", que sob um manto de aparente respeito e tolerância pela diversidade, constitui-se na realidade em intolerância em função do desconhecimento ou da indiferença. Com isso perdemos todos.

É possível fazer da academia o que lhe é mais inerente e substancial à sua vocação racional: debater ideias, promover o debate, ousar pôr fim às separações entre as disciplinas, abrir as teorias ao conhecimento e debater seus fundamentos. Tudo isso permitirá sentar as bases para a necessária retomada ou reconstrução dos estudos sobre a América Latina, em particular, e das ciências sociais em geral.

Referências

ABBAGNANO, N. *Diccionario de filosofía*. 4. ed. México: FCE, 2004.
ALTAMIRANO, C. (dir.). *Términos críticos de la sociología de la cultura*. Buenos Aires: Paídos, 2002.
BENSAID, D. "Teoremas de la resistencia a los tiempos que corren". *Memoria*, México, n. 190, dez. 2004.
CALLINICOS, A. *Contra el posmodernismo*. Bogotá: El Áncora, 1998.
CARCÍA CANCLINI, N. *Diferentes, desiguales y desconectados*: mapas de la interculturalidad. Barcelona: Gedisa, 2006.
DERRIDA, J. *De la gramatología*. México: Siglo XXI, 1986.
EAGLETON, T. *Las ilusiones del posmodernismo*. Buenos Aires: Paidós, 2004.
GRÜNER, E. "El retorno de la teoría crítica de la cultura: una introducción alegórica a Jameson y Zizek". *In:* JAMESON, F.; ZIZEK, S. *Estudios culturales:* reflexiones sobre el multiculturalismo. Buenos Aires: Paidós, 2005.
HARDT, M.; NEGRI, A. *Imperio*. Buenos Aires: Paidós, 2002.
KUHN, T. S. *La estructura de las revoluciones científicas*. México: FCE, 1991.
LYOTARD, J.-F. *La condición posmoderna*. Madri: Cátedra, 1994.
LYOTARD, J.-F. *La posmodernidad*. 6. ed. Barcelona: Gedisa, 1999.
MUÑOZ, J.; VELARDE, J. (eds.). *Compendio de epistemología*. Madri: Trotta, 1991.
OSORIO, J. *El Estado en el centro de la mundialización*: la sociedad civil y el asunto del poder. 2. ed. México: FCE, 2014.
OSORIO, J. "Una cartografía para redescubrir América Latina". *Nueva Sociedad*, n. 196, Caracas, março-abril de 2005.
PALTI, E. "Deconstruccionismo". *In:* ALTAMIRANO, C. (dir.). *Términos críticos de sociologia de la cultura*. Buenos Aires: Paidós, 2002.
POPPER, K. *La miseria del historicismo*. Madri: Alianza/Taurus, 1973.
POPPER, K. *La sociedad abierta y sus enemigos*. Madri: Paidós, 1981.
RORTY, R. *Verdad y progreso*. Barcelona: Paidós, 2000.
RORTY, R. *Ensayos sobre Heidegger y otros pensadores contemporáneos*. Barcelona: Paidós, 1993.-
SCHWARTZ, P.; RODRIGUÉZ BRAUN, C.; MÉNDEZ, F. (org.). *Encuentro com Karl Popper*. Madri: Alianza, 1993.
ZIZEK, S. "Multiculturalismo, o la lógica cultural del capitalismo multinacional". *In:* JAMESON, F.; ZIZEK, S. *Estudios culturales*: reflexiones sobre el multiculturalismo. Buenos Aires: Paidós, 2005.